D1608771

Les meilleures salades de Colombe Plante

Typographie et mise en page : Carl Lemyre
Révision : Cécile Rolland
Conception de la page couverture : Carl Lemyre
Graphisme : Carl Lemyre

ISBN 2-89565-132-9

Dépôt légal : deuxième trimestre 2003
       Bibliothèque nationale du Québec
       Bibliothèque nationale du Canada
Première impression : 2003

Éditions AdA Inc.

172, Des Censitaires

Varennes, Québec, Canada, J3X 2C5

Téléphone :   450-929-0296

Télécopieur : 450-929-0220

www.AdA-inc.com

info@AdA-inc.com

Diffusion

Canada : Éditions AdA Inc.

Téléphone :   450-929-0296

Télécopieur : 450-929-0220

www.AdA-inc.com

info@AdA.com

France : D.G. Diffusion
             Rue Max Planck, B. P. 734
             31683 Labege Cedex
             Téléphone : 05.61.00.09.99

Belgique : Vander - 32.27.61.12.12

Suisse : Transat - 23.42.77.40

Imprimé au Canada

Participation de la SODEC

Nous reconnaissons l'aide financière du gouvernement du Canada par l'entremise du Programme
d'aide au développement de l'industrie de l'édition (PADIÉ) pour nos activités d'édition.

Gouvernement du Québec - Programme de crédit d'impôt pour l'édition - Gestion SODEC

Table des matières

Sauces, trempettes et vinaigrettes

Remerciements

Merci à mes parents, Rose et Gérard, que j'aime tendrement et profondément. J'ai toujours vu l'Amour dans vos yeux. Merci de m'avoir appris ce qu'est l'Amour.

Merci cher Jacques, cher amour, pour ta patience, ton dévouement et ta générosité. Sans toi, sans ton appui inconditionnel, je ne serais pas la personne que je suis aujourd'hui.

Merci à chacun de mes enfants pour l'immense bonheur que vous m'apportez à tous les jours. Vous êtes en mon cœur pour l'éternité.

Merci à mon frère et à ma sœur de Lumière Nancy et François, des amis sincères que je chéris tendrement ; des êtres authentiques et généreux, avec qui je me réalise toujours plus. L'amour qui vous habite est une source constante d'inspiration pour moi.

Merci à ma très grande amie de cœur, Colombe Plante, ma sœur d'âme, pour notre complicité, nos échanges authentiques, notre joie d'enfant partagée.

Merci à mon ami Louis pour sa joie de vivre, sa simplicité, sa candeur et ses encouragements constants.

Merci à Dieu pour les êtres, les événements, les expériences qu'Il place sur ma route. Merci à la Vie pour tant d'amour et d'abondance autour de moi. Comme je me sens privilégiée !

Cécile Rolland,
co-auteure

Avant-propos

Profitons de l'abondance et de la variété des légumes, des légumineuses, des céréales, des herbes aromatiques et des fruits pour créer des salades de saveurs et de textures variées.

Les salades, servies en entrées ou comme repas complet se dégustent à longueur d'année. Elles sont, pour notre corps, un apport indispensable en vitamines et minéraux.

Les légumes feuilles (laitues), riches en enzymes et chlorophylle activent et favorisent la digestion, l'assimilation et l'élimination des aliments dans l'organisme.

Pour que nos salades soient toujours fraîches et croquantes, mieux vaux les préparer au dernier moment. La qualité des ingrédients est également importante ; il est bon de privilégier les produits de saison.

Cet ouvrage contient plusieurs recettes de salades et de sauces à salades, faciles à exécuter. Vous pouvez y ajouter, à votre gré, des idées nouvelles et élaborer vos propres recettes.

Je vous souhaite de vous amuser et de vous régaler.

Bon appétit !

Colombe Plante

Tableau pour les germinations en pots

	Trempage	Rinçage/jour	Prêt en
Les graines :			
luzerne	6 à 8 h	1 fois	5 à 6 jours
radis	6 à 8 h	1 fois	2 à 3 jours
trèfle rouge	6 à 8 h	1 fois	2 à 3 jours
fenugrec	6 à 8 h	1 fois	2 à 3 jours
tournesol	8 à 9 h	1 fois	2 jours
Les céréales :			
blé	8 à 10 h	1 fois	2 à 3 jours
sarrasin	8 à 10 h	1 fois	2 à 3 jours
quinoa	8 à 10 h	1 fois	2 à 3 jours
amarante	8 h	1 fois	2 à 3 jours
epeautre	8 à 10 h	1 fois	2 à 3 jours
kamut	8 à 10 h	1 fois	2 à 3 jours
avoine	8 à 10 h	1 fois	2 à 3 jours
Les légumineuses :			
pois chiches[*]	15 h	1 fois	3 ou 4 jours
soja[*]	24 h	1 fois	3 ou 4 jours
lentilles	8 à 10 h	1 fois	3 jours
mung	8 à 10 h	1 fois	3 jours
adzuki	8 à 10 h	1 fois	3 jours
pois verts[*]	10 à 12 h	1 fois	3 ou 4 jours

[*]Lorsque germé, couvrir et cuire 10 minutes à feu doux dans un peu d'eau ou à la vapeur, avant de servir.

Pour bien réussir la germination

Mettre dans un pot

85 ml (1/3 t.) de grains de céréales
ou 85 ml (1/3 t.) de légumineuses
ou 85 ml (1/3 t.) de graines de tournesol
ou 15 ml (1 c. à s.) de graines (luzerne, moutarde, trèfle, radis, etc.)

- Recouvrir avec la moustiquaire, fixer l'élastique et rincer abondamment à l'eau pure tiède.
- Remplir le pot d'eau jusqu'à moitié puis faire tremper les céréales ou les légumineuses environ 10 heures et les graines entre 6 et 8 heures.
- Jeter l'eau de trempage (excellente pour les plantes) et rincer à l'eau une fois par jour.
- Placer le pot dans l'obscurité (dans une armoire ou aussi sur le comptoir, mais dans ce cas, recouvert d'un linge foncé), l'incliner dans un angle de 45 degrés jusqu'à ce que le germe soit poussé (environ 2 à 3 jours ou plus – voir tableau p. 12).

Si vous constatez des problèmes de pourriture,
les causes probables sont :

- Graines altérées ou de mauvaise qualité
- Manque d'aération (trop de graines dans le pot)
- Excès d'humidité (mauvais égouttage)
- Mauvaise qualité de l'eau

Tableau de trempage et de cuisson des légumineuses

Trempage	1 tasse	Tasses d'eau	Cuisson	Donne (Tasses)
8 à 10 h	Fèves blanches	3	2 h	2
4 h	Fèves de Lima	2 à 3	1 h 30	1 1/2
Brisent au trempage	Fèves rouges (voir méthode de cuisson rapide)	3	1 h 30	2
24 h	Fèves de soya	3	2 h	2
4 h (facultatif)	Lentilles	3	1 h	2 1/4
10 à 12 h	Pois chiches	4	2 h	2
10 h	Fèves pinto	4	1 h 30	2 1/4
4 h	Flageolets	3	1 h	2
4 h	Adzukis	3	1 h	2
10 à 12 h	Pois jaunes	3 à 4	2 h	2
6 à 8 h	Pois cassés	3 à 4	1 h	2 1/4

Les légumineuses

On doit toujours faire tremper les légumineuses avant de les cuire, pour en faciliter la cuisson et les rendre plus digestibles. L'eau de trempage (non comestible) fait par la suite le bonheur de mes plantes.

Une fois égouttées, je dépose les légumineuses dans une bonne quantité d'eau que je porte à ébullition. Je réduis ensuite le feu à moyen, et laisse cuire à couvert jusqu'à ce que les légumineuses soient tendres. Au besoin, j'ajoute de l'eau.

Voici une méthode plus rapide de cuisson :

Trier et laver les légumineuses. Amener à ébullition dans la quantité d'eau indiquée au tableau de la page précédente.

Laisser bouillir de 3 à 5 minutes. Fermer le feu, couvrir et laisser tremper de 2 à 3 heures.

Ensuite, jeter l'eau de trempage et ajouter la même quantité d'eau pure et fraîche. Cuire à nouveau de 45 à 60 minutes ou plus selon la grosseur des légumineuses, sur un feu moyen et à demi-couvert afin d'éviter le débordement.

Ajouter de l'eau au besoin.

Temps de cuisson des céréales entières

Céréales (1 tasse)	Eau (tasses)	Cuisson
Avoine	4	2 h
Blé dur	3-4	2 h
Blé mou	3-4	2 h
Blé concassé	3	1 h
Boulghour	11/2-2	Tremper 30 min (dans l'eau bouillante)
Flocons d'avoine	2	20 min
Flocons de blé, de soja et de seigle	3	1 h (tremper avant)
Millet	1-2	20 min
Maïs en épi	Recouvrir d'eau	5 min
Orge mondé	3	1 h 1/2
Riz brun	2	40-45 min
Sarrasin entier	1 1/2	15-20 min
Seigle	3	1 h 1/2
Semoule de maïs	4	25 min

Les huiles

Il est suggéré de consommer les huiles de première pression à froid. Elles sont de qualité supérieure et ont un goût plus savoureux.

Ces huiles sont également bienfaisantes pour notre santé. Elles augmentent les bons gras, diminuent les mauvais et aident au bon fonctionnement du système digestif.

Si vous n'avez pas de vinaigrette sous la main, voici un moyen simple et rapide de parfumer vos salades : ajoutez-y un filet d'huile d'olive, quelques gouttes de Bragg* ou du sel d'herbes aromatiques (voir p. 18) et du jus de citron.

* Se vend dans les magasins de produits naturels ou dans les super marchés.

Sel d'herbes aromatiques

125 ml (1/2 t.) de légumes séchés
5 ml (1 c. à thé) de concentré de légumes (en pâte)
45 ml (3 c. à s.) de flocons d'oignon
60 ml (4 c. à s.) de levure alimentaire (*Red Star* ou *Engevita*)
45 ml (3 c. à s.) de flocons de persil
5 ml (1 c. à thé) de poudre d'ail
Poivre de Cayenne au goût

PRÉPARATION : 5 MINUTES

- Moudre les légumes séchés et la pâte de concentré de légumes au moulin à café.
- Retirer, ajouter le reste des ingrédients et mélanger.
- Verser dans un contenant en verre et conserver à la température de la pièce.

Cette préparation remplace avantageusement le sel de mer. C'est un assaisonnement santé qui rehausse la saveur des salades, des légumes cuits, des soupes et des pâtes.

La diversité des laitues

Nous trouvons sur le marché une gamme de plus en plus vaste de laitues :

Bette à carde
Boston
Chicorée
Cresson
Feuille de chêne
Jeunes pousses d'épinards
Kale
Laitue chinoise
Laitue frisée
Laitue pommée
Laitue romaine
Laitue rouge
Mesclun
Pissenlit
Scarole
Trévisse (radicchio)
Etc.

Il est possible de créer une multitude de salades nutritives, savoureuses et appétissantes en diversifiant ou en agençant plusieurs de ces laitues.

À vous de jouer, à partir de mes recettes, en réalisant vos propres associations.

Salades de légumes

Salade arc-en-ciel

De la couleur dans votre assiette !

1 laitue romaine déchiquetée
1/2 poivron jaune haché
1/2 poivron rouge haché
1 carotte râpée
1/2 navet râpé
1 branche de céleri émincée
1 tranche d'oignon espagnol hachée
30 ml (2 c. à s.) d'huile de carthame pressée à froid
Le jus de 1 citron
30 ml (2 c. à s.) de mayonnaise maison ou naturelle
15 ml (1 c. à s.) de basilic
1 ou 2 betteraves râpées

3 PORTIONS
PRÉPARATION : 10 MINUTES

- Mélanger tous les ingrédients, sauf les betteraves.
- Disposer la salade dans un plat de service et l'agrémenter de betteraves râpées.

Pour un repas complet, ajouter 3 ou 4 on. de fromage cottage écrémé, du tofu braisé ou des légumineuses.

Salade d'asperges

Merci à mon amie Cécile

1 poignée d'asperges
Eau
1 laitue romaine ou frisée, déchiquetée
1 trévisse (radicchio) tranché ou haché
2 échalotes hachées
6 radis tranchés
1 branche de céleri émincée
1 concombre ou courgette (zucchini) coupé en cubes

Sauce à salade

45 ml (3 c. à s.) d'huile d'olive ou de carthame
45 ml (3 c. à s.) d'eau
30 ml (2c. à s.) de ketchup rouge naturel ou de mayonnaise
Basilic
Sel de mer aromatique
Poivre de Cayenne

4 PORTIONS
PRÉPARATION : 20 MINUTES
CUISSON : 5 MINUTES

- Cuire les asperges dans un peu d'eau environ 5 minutes ; rincer à l'eau froide ; couper en morceaux.
- Mélanger ensemble tous les légumes.
- Déposer tous les ingrédients de la sauce dans un petit contenant hermétiquement fermé et secouer vigoureusement.
- Verser la sauce sur la salade juste avant de servir.

Voilà une autre excellente salade qui accompagne très bien tous les plats principaux.

Salade d'asperges et d'artichauts

Un choix judicieux pour notre mieux-être

1 botte d'asperges
750 ml (3 t.) d'haricots verts
225 g (8 on.) de champignons coupés en quartiers
1 à 2 gousses d'ail émincées
2 échalotes hachées
2 à 3 artichauts frais, cuits ou en conserve, coupés en morceaux
Une pincée de paprika
30 ml (2 c. à s.) d'huile d'olive

4 À 6 PORTIONS
PRÉPARATION : 15 MINUTES
CUISSON : 4 À 6 MINUTES

- Couper les pointes d'asperges en morceaux.
- Remplir à moitié d'eau une grande casserole et porter à ébullition.
- Blanchir les asperges et les haricots pendant 2 ou 3 minutes. Les plonger dans de l'eau froide. Égoutter.
- Dans un grand poêlon, déposer le reste des ingrédients et cuire 2 à 3 minutes. Fermer le feu.
- Dans un grand bol à salade, mélanger tous les ingrédients.
- Arroser d'une délicieuse sauce à salade de votre choix (voir table des matières) ou simplement ajouter de l'huile d'olive, du jus de citron et du sel de mer aromatique.

*Vraiment exquise ! C'est un véritable coffre au trésor,
rempli de potassium, de magnésium et d'acide folique.*

Cette salade peut être savourée sur un lit d'épinards ou de laitue romaine.

Salade automnale

Haute en couleurs, riche en saveur

1 avocat
1/2 chou vert (petit)
1/2 chou rouge (petit)
1 betterave
2 carottes
Épinards (1/2 paquet)

4 PORTIONS
PRÉPARATION : 20 MINUTES

- Couper l'avocat en cubes et râper les choux, les carottes et la betterave.
- Placer les épinards dans un plat de service. Disposer les cubes d'avocat au centre, puis les légumes râpés autour en alternant les couleurs.
- Arroser d'une sauce à salade.

De délicieux légumes au sommet de leur fraîcheur à l'automne.

Salade tonique.

Salade d'avocat

Douce et savoureuse

1 avocat mûr coupé en morceaux
1 tomate coupée en cubes
1 branche de céleri hachée
1 échalote ou ciboulette hachée
15 ml (1 c. à s.) d'huile de carthame (facultatif)
Le jus de 1/2 citron
Sel de mer aromatique
Poivre de Cayenne au goût

2 PORTIONS
PRÉPARATION : 5 MINUTES

- Mélanger légèrement tous les ingrédients et servir.
- Ajouter pain pita et luzerne à ce repas pour créer un véritable festin.
- Si on prépare cette salade d'avance, il est préférable de déposer une pellicule d'emballage transparente directement sur la préparation pour éviter qu'elle ne noircisse, puis de la déposer dans un contenant hermétiquement fermé.

Variante : l'avocat peut simplement être tartiné sur le pain auquel on ajoute laitue, tomate, luzerne et carotte râpée.

Salade de betteraves

Hautement nutritive

4 betteraves (grosseur moyenne)
1 courgette
1 branche de céleri
1 pomme jaune
30 ml (2 c. à s.) d'huile de carthame
Le jus de 1/2 citron
Sel de mer aromatique
Soupçon de canelle (facultatif)

6 PORTIONS
PRÉPARATION : 10 MINUTES
CUISSON : 10 MINUTES

- Peler et couper les betteraves en cubes.
- Cuire à la vapeur 8 à 10 minutes : elles doivent rester légèrement croquantes.
- Laisser refroidir un peu. Ajouter la courgette, la branche de céleri, la pomme jaune coupées en cubes et le reste des ingrédients.
- Disposer sur un lit de laitue Boston et de luzerne.
- Décorer de tranches de pomme jaune.

Véritable déesse de la nature, la betterave, petite racine ronde, rouge et sucrée, fait des merveilles pour notre santé. Elle contient du fer, ce qui est bon pour régénérer le sang et lutter contre l'anémie. Elle est aussi un agent de détoxication lorsqu'on la combine avec la carotte.

Salade de betteraves et de coquilles

Y goûter, c'est l'adopter !

4 grosses betteraves
500 ml (2 t.) de coquilles de légumes
2 petites courgettes (zucchinis)
1 poivron vert
1 branche de céleri
Persil
2 échalotes
30 ml (2c. à s.) d'huile d'olive ou autre
30 ml (2 c. à s.) de mayonnaise maison
(*voir table des matières*)
Sel de mer aromatique et poivre de Cayenne au goût

6 PORTIONS
PRÉPARATION : 15 MINUTES
CUISSON PRÉALABLE : 10 MINUTES

- Peler et couper les betteraves en cubes, puis les faire cuire 10 minutes. Égoutter et mettre de côté.
- Cuire les coquilles de légumes dans de l'eau bouillante environ 10 minutes et rincer à l'eau froide.
- Hacher grossièrement les légumes.
- Déposer tous les ingrédients dans un grand bol (sauf les coquilles). Bien mélanger.
- Ajouter les coquilles en remuant légèrement (car elles changeront de couleur).

Savourer avec de la luzerne sur un lit de laitue boston ou en accompagnement avec du tofu braisé.

Tellement facile !

Salade de betteraves et d'épinards

Un bon mariage

3 betteraves râpées (de grosseur moyenne)
1 sac d'épinards (enlever les tiges)
1 branche de céleri hachée
1/2 oignon espagnol ou moins, haché
250 ml (1 t.) de pois verts frais ou congelés
Un soupçon de cannelle et de clou de girofle

4 À 6 PORTIONS
PRÉPARATION : 20 MINUTES

↩ Mélanger tous les ingrédients.
↩ Arroser avec la sauce à salade à la moutarde de Dijon et coriandre ou la sauce au yogourt, (voir table des matières).

Une autre bonne salade d'accompagnement.

Elle a d'excellentes vertus thérapeutiques.
Elle contribue au bon fonctionnement du foie et de la vésicule biliaire.
Elle est très énergétique et régénératrice pour la formule sanguine.

Salade de betteraves, de pommes et de tofu

Une jolie salade énergisante

4 betteraves moyennes, cuites et coupées en cubes
1 branche de céleri émincée
1 pomme jaune ou rouge, coupée en cubes
1 bloc de tofu (450 g ou 16 on.) coupé en cubes
45 ml (3 c. à s.) de tamari
1 gousse d'ail hachée
1 oignon vert émincé
Le jus de 1 citron
65 ml (1/4 t.) d'huile de carthame ou autre
Soupçon de cannelle
Sel de mer aromatique
85 ml (1/3 t.) de noix de soja (facultatif)

4 À 6 PORTIONS
PRÉPARATION : 20 MINUTES

- Mélanger les betteraves, le céleri et les pommes. Réserver.
- Faire dorer les cubes de tofu dans une poêle légèrement huilée. À la fin, ajouter le tamari et verser dans le mélange de betteraves. Ajouter le reste des ingrédients à l'exception des noix de soja qui ne doivent être ajoutées qu'au moment de servir.
- Variante : Les betteraves peuvent être utilisées crues, pelées et râpées. Les pommes peuvent être remplacées par des cubes d'ananas. Un peu de mayonnaise rehausse cette délicieuse salade.
- Servir sur un lit d'épinards et garnir de luzerne.

Riche en potassium, en vitamines A et C, en fer, en calcium et en acide folique, cette salade est excellente pour aider à prévenir l'anémie.

Salade de blé

Pour refaire le plein d'énergie

125 ml (1/2 t.) de tofu
250 ml (1 t.) de grains de blé
900 ml (3 à 4 t.) d'eau
1 oignon
1 poivron vert ou rouge
1 branche de céleri
2 ml (1/2 c. à thé) de moutarde sèche
500 ml (2 t.) de maïs frais ou congelé
85 ml (1/3 t.) de mayonnaise maison
Sel de mer aromatique et poivre de Cayenne au goût

4 PORTIONS
PRÉPARATION : 15 MINUTES
CUISSON PRÉALABLE : 2 HEURES

- Couper le tofu en cubes et rôtir dans un poêlon. Mettre de côté.
- Cuire le blé à part, dans l'eau ; rincer, égoutter et laisser refroidir.
- Couper les légumes et déposer dans un grand bol.
- Mélanger le tout, assaisonner et laisser reposer quelques heures au réfrigérateur avant de servir.

Un lit d'épinards complète agréablement cette recette.

Salade de Boston, radicchio et luzerne

Tendre et énergétique

1 laitue Boston déchiquetée
1 radicchio haché
500 ml (2 t.) de pousses de luzerne
1 concombre, coupé en cubes
1 échalote hachée
1 à 2 gousses d'ail hachées
1 poignée de pois mange-tout hachés
250 ml (1 t.) de pois verts frais ou congelés
30 ml (2 c. à s.) de levure alimentaire
1 avocat pelé et coupé

4 À 6 PORTIONS
PRÉPARATION : 10 MINUTES

⮑ Mélanger tous les ingrédients et les arroser avec la sauce à salade aux fines herbes ou de votre choix, (voir table des matières).

On peut ajouter dans cette salade des lentilles germées et des fèves mungs, ce qui en fera un repas complet et hautement énergétique.

En plus d'être un véritable régal, cette salade est diurétique, aide le système immunitaire, favorise les fonctions de la vessie (pour les problèmes urinaires) et contribue au bon fonctionnement des intestins.

Salade de carottes

Riche en bêta-carotène

1 branche de céleri	
2 échalotes	
4 carottes	
85 ml (1/3 t.) de raisins secs	
65 ml (1/4 t.) d'huile de tournesol	
Le jus de 1 citron pressé	
Sel de mer aromatique et poivre de Cayenne	

2 PORTIONS
PRÉPARATION : 10 MINUTES

- Émincer le céleri et les échalotes ; râper les carottes.
- Déposer dans un grand bol avec les autres ingrédients et mélanger le tout.

Un léger nuage de couleur dans l'assiette.

Salade de carottes, pommes et noix de pin

Salade tonique, riche en couleur et en saveur

4 carottes
2 pommes jaunes Délicieuse ou rouges
1 branche de céleri, hachée
85 ml (1/3 t.) de raisins secs.
30 ml (2 c. à s.) d'huile de carthame ou d'olive
85 ml (1/3 t.) d'huile de pin, d'acajou ou de tournesol
Le jus de 1 citron pressé
Sel de mer aromatique

2 PORTIONS
PRÉPARATION : 10 MINUTES

⊶ Râper les carottes, couper les pommes en cubes, déposer tous les ingrédients dans un bol et mélanger.

⊶ Se conserve deux jours au réfrigérateur.

Repas énergétique offrant une abondance d'éléments nutritifs.

D'une plus grande fraîcheur à l'automne.

Salade César

La favorite de tous

1 laitue romaine
65 ml (1/4 t.) d'huile d'olive ou de carthame
Le jus de 1/2 citron
65 ml (1/4 t.) d'eau
5 ml (1 c. à thé) de moutarde de Dijon
1 à 2 gousses d'ail
Sel de mer aromatique et poivre de Cayenne
Croûtons de blé entier à l'ail (voir p. 36)

2 À 4 PORTIONS
PRÉPARATION : 10 MINUTES

↩ Laver et bien essorer la laitue. Mettre de côté.
↩ Déposer tous les ingrédients au mélangeur, à l'exception des croûtons à l'ail. Brasser à grande vitesse.
↩ Mélanger avec la laitue et les croûtons à l'ail.

Légère et rafraîchissante.

Croûtons de blé entier à l'ail

L'ail… Hum !

2 tranches de pain de blé entier coupées en petits cubes

45 ml (3 c. à s.) d'huile de carthame

3 gousses d'ail pressées

Sel de mer aromatique et poivre de Cayenne

2 À 4 PORTIONS
PRÉPARATION : 2 MINUTES
CUISSON : 5 MINUTES

↝ Chauffer à feu moyen l'huile avec l'ail.
↝ Ajouter les cubes de pain, le sel et le poivre de Cayenne.

Rapide à faire ; fraîcheur et qualité.

Salade chinoise

Le goût de l'Orient

1 poivron vert
1 branche de céleri
2 échalotes
250 ml (1 t.) de champignons
500 ml (2 t.) de fèves germées
500 ml (2 t.) d'épinards
500 ml (2 t.) de riz cuit
175 ml (2/3 t.) de noix d'acajou nature ou de noix de pin
Persil au goût

4 PORTIONS
PRÉPARATION : 15 MINUTES

- Trancher très mince le piment, le céleri, les échalotes et les champignons. Déposer dans un grand bol avec les autres ingrédients.
- Bien mélanger le tout puis ajouter la sauce à salade qui suit :

Sauce

125 ml (1/2 t.) d'huile de soja ou de tournesol
65 ml (1/4 t.) de sauce tamari
2 gousses d'ail pressées
Poivre de Cayenne au goût

PRÉPARATION : 5 MINUTES

- Bien mélanger les ingrédients de la sauce et laisser reposer (saveur accentuée lorsque préparée à l'avance).
- Verser sur la salade.
- Se conserve trois semaines au réfrigérateur.

Très nourrissante, cette salade contient tous les éléments d'un repas équilibré et succulent. Elle est la favorite de tous.

Laitue chinoise et germination

Sain et savoureux

1 laitue chinoise coupée en tranches

500 ml (2 t.) de fèves germées

500 ml (2 t.) de riz ou millet cuit

85 ml (1/3 t.) de noix de pin

1 courgette coupée en cubes

6 radis coupés en rondelles

1 échalotte hachée

1 poivron rouge ou jaune haché

125 ml (1/2 t.) de luzerne

85 ml l (1/3 t.) de lentilles germées

65 ml (1/4 t.) de pois chiches germés

sauce

85 ml (1/3 t.) d'huile de tournesol

30 ml (2 c. à s.) de sauce tamari

1 gousses d'ail pressées

Poivre de Cayenne au goût

2 À 4 PORTIONS
PRÉPARATION : 15 MINUTES

- Bien mélanger les ingrédients et la sauce.
- Laisser reposer une heure au réfrigérateur.
- La sauce se conserve trois semaines au réfrigérateur.

Cette salade très nourrissante surprend par son goût particulier.
Elle constitue un repas bien équilibré.

Salade de chou

Une tradition de chez-nous

1 petit chou râpé
1 ou 2 carottes râpées
1 branche de céleri hachée finement
Échalote ou oignon rouge émincé (au goût)
Persil haché
Basilic frais ou séché
Sel de mer aromatique et poivre de Cayenne

4 PORTIONS
PRÉPARATION : 10 MINUTES

- Mélanger le tout dans un grand bol.
- Servir avec la sauce à l'avocat (voir table des matières) ou avec un peu d'huile d'olive et de jus de citron frais.

Le chou est reconnu pour la prévention ou la cicatrisation des ulcères (surtout le jus de chou). Riche en minéraux, il est un excellent stimulant du système immunitaire.

Salade tendre au chou et à l'avocat

Presque aussi tendre que la laitue

1 petit chou frisé (Savoie)
2 échalotes
1 poignée de pois mange-tout
1 courgette (zucchini)
1 poivron jaune ou rouge

sauce

1 avocat
Le jus de 1 citron
85 ml (1/3 t.) d'eau
Basilic
Sel de mer aromatique
Poivre de Cayenne
8 olives noires Calamata

2 PORTIONS
PRÉPARATION : 10 MINUTES

- Hacher finement tous les légumes ; mélanger.
- Couper l'avocat en deux, dénoyauter et peler.
- Mixer à grande vitesse tous les ingrédients de la sauce (sauf les olives noires) jusqu'à l'obtention d'une crème onctueuse.
- Verser sur la salade et ajouter les olives noires.

Vous pouvez ajouter un peu d'eau pour obtenir une texture plus légère.

Cette salade est un repas complet.
On peut aussi la servir avec du maïs soufflé ou des biscottes.

Salade de chou et de carottes

Fraîcheur d'été et d'automne

1 petit chou vert
2 carottes râpées
1/2 oignon espagnol haché
125 ml (1/2 t.) de persil haché
5 ml (1 c. à thé) ou plus de basilic
30 ml (2 c. à s.) d'huile de carthame ou autre
Le jus de 1 citron
30 ml (2 c. à s.) ou plus de mayonnaise naturelle
5 ml (1 c. à thé) de moutarde de Dijon
45 ml (3 c. à s.) de boisson de soja, de riz ou autre
Sel de mer aromatique
Poivre de Cayenne

4 À 6 PORTIONS
PRÉPARATION : 10 MINUTES

- Râper finement le chou vert et les carottes.
- Ajouter le reste des ingrédients.
- Bien assaisonner.

Cette salade constitue un bon accompagnement de repas.

Particulièrement délicieuse avec les saucisses au tofu, les végé-burgers, les pains pitas, etc.

Salade de chou-fleur

Une salade singulière

1 chou-fleur moyen, râpé
3 ou 4 échalotes hachées
2 carottes râpées
Quelques feuilles de laitue romaine ou autre déchiquetées
1 bloc de tofu (450 g ou 16 on.) râpé
15 ml (1 c. à s.) d'huile de soja ou autre
45 ml (3 c. à s.) de tamari
15 ml (1 c. à s.) de gingembre frais, râpé
85 ml (1/3 t.) de mayonnaise naturelle
65 ml (1/4 t.) de boisson de soja
Sel de mer aromatique

4 À 6 PORTIONS
PRÉPARATION : 15 MINUTES

- Mélanger les quatre premiers ingrédients.
- Faire dorer le tofu dans une poêle avec l'huile et ajouter le tamari et le gingembre à la toute fin.
- Bien mélanger avec les légumes, incorporer le reste des ingrédients et remuer.
- Si vous faites dorer le tofu dans un poêlon antiadhésif, verser l'huile en dernier avec le tamari et le gingembre.

N.B : Pour un goût plus acidulé, ajouter du jus de citron frais.

Vraiment différente ! À savourer ! Hautement réconfortante, cette salade aide à régénérer tout l'organisme.

Le chou-fleur, comme les autres choux, possède des vertus de prévention du cancer.
Il contient du potassium, de l'acide folique, des vitamines B6 et C de même que du cuivre.

Salade de chou rouge

Disponible en toute saison

1 petit choux rouge
6 radis
1 poignée de ciboulette
Menthe fraîche ou fenouil au goût
30 ml (2c. à s.) d'huile de tournesol
45 ml (3 c. à s.) de mayonnaise naturelle
Le jus de 1/2 citron
Sel de mer et poivre de Cayenne au goût

3 À 4 PORTIONS
PRÉPARATION : 10 MINUTES

꙳ Râper le chou, couper finement les légumes, mélanger avec le reste des ingrédients.

Cette salade favorise une bonne digestion. Comme accompagnement des plats de résistance, le chou est toujours apprécié.

Le jus de chou à l'extracteur est d'une grande efficacité pour aider à cicatriser les irritations ou les ulcères à l'estomac.

Salade de coquilles aux légumes

Toujours agréable pour un repas en plein air ou pour apporter en pique-nique

750 ml (3 t.) de coquilles aux légumes
ou de pâtes frisées aux légumes

1 litre (4 t.) d'eau

30 ml (2 c. à s.) d'oignons séchés

5 ml (1 c. à thé) de sel de mer aromatique

30 ml (2 c. à s.) d'huile de tournesol ou autre

250 ml (1 t.) de pois mange-tout hachés

85 ml (1/3 t.) de céleri rave haché
ou 1 branche de céleri hachée

1 courgette (zucchini) coupée en cubes

1/2 poivron rouge ou jaune haché ou 1 tomate

2 échalotes hachées

Sel de mer aromatique

Poivre de Cayenne au goût

45 ml (3 c. à s.) de mayonnaise au cari
(voir table des matières) (facultatif)

4 PORTIONS
PRÉPARATION : 15 MINUTES
CUISSON : 10 MINUTES

Porter l'eau à ébullition avec les oignons séchés et le sel de mer aromatique. Ajouter les pâtes alimentaires et laisser bouillir 3 minutes. Fermer le feu et laisser gonfler pendant 5 minutes environ en brassant de temps en temps. Rincer à l'eau froide et égoutter. Ajouter les autres ingrédients, mélanger avec la mayonnaise au cari ou la vinaigrette à la moutarde de Dijon.

N.B : Si vous préférez des pâtes plus tendres, laisser gonfler 5 minutes de plus.

Cette salade est meilleure lorsqu'elle a été réfrigérée
une heure ou deux au préalable.
Pour la rendre plus crémeuse ajouter un peu de boisson de soja ou de riz.

Concombres à la crème au tofu et au fenouil

Tout simple !

3 concombres moyens non pelés
Persil au goût
Luzerne au goût
5 ml (1 c. à thé) d'aneth ou plus
65 ml (1/4 t.) de mayonnaise naturelle ou plus
85 ml (1/3 t.) de tofu crémeux (vendu en petite boîte)
30 ml (2 c. à s.) de fenouil frais haché
Sel de mer aromatique
Poivre de Cayenne au goût

4 PORTIONS
PRÉPARATION : 10 MINUTES

- Racler avec une fourchette, sur le sens de la longueur, les concombres préalablement lavés.
- Les trancher finement, puis les disposer sur un plateau de service.
- Décorer avec du persil et de la luzerne, puis parsemer d'aneth. Réserver.
- Mélanger le reste des ingrédients et fouetter à l'aide d'une fourchette ou d'un fouet.
- Verser cette crème sur les tranches de concombre et servir immédiatement.

Il est préférable de choisir des concombres biologiques.
Si vous utilisez des concombres ordinaires, il suffit de bien les nettoyer avec un savon conçu à cet effet et une brosse.
S'il s'agit de concombres cirés, les peler.

Le concombre contient des quantités appréciables de potassium et de vitamine C. C'est un légume rafraîchissant, diurétique, dépuratif de même qu'un doux calmant.

Salade aux couleurs chaudes

Une salade de légumes grillés, quelle différence !

1 courgette (zucchini) tranchée

1/2 oignon espagnol tranché

1 poivron jaune coupé en lamelles

1 poivron vert coupé en lamelles

1 poivron rouge coupé en lamelles

45 ml (3 c. à s.) d'huile d'olive ou de carthame

Le jus de 1/2 citron

2 gousses d'ail pressées

125 ml (1/2 t.) de persil finement haché

5 ml (1 c. à thé) de basilic

Sel de mer aromatique

Poivre de Cayenne

4 PORTIONS
PRÉPARATION : 15 MINUTES
CUISSON : 8 À 10 MINUTES

- Préchauffer le barbecue pendant 10 minutes à feu moyen. Huiler un panier à légumes ou un grand poêlon.
- Ajouter les 5 premiers ingrédients et cuire de 8 à 10 minutes, juste pour attendrir.
- Dans un grand bol, mélanger ensemble tous les ingrédients.

N.B : Vous pouvez remplacer l'huile d'olive et le jus de citron par une vinaigrette de votre choix.

Cette salade peut être servie avec n'importe quel repas ou comme entrée sur un lit de laitue.

Salade à la courge

À la découverte d'un vrai trésor pour la santé

1 petite courge Butternut
2 cougettes (zucchinis)
1 poivron orange ou vert
2 oignons
2 branches de céleri
2 gousses d'ail
250 ml (1 t.) de pois verts frais ou congelés
45 ml (3 c. à s.) d'huile d'olive
30 ml (2 c. à s.) de sauce tamari
2 tomates coupées en cubes
1 bouquet de persil haché
Origan, basilic et poivre de Cayenne

3 PORTIONS
PRÉPARATION : 15 MINUTES
CUISSON : 5 MINUTES

- Couper en petis morceaux la courge Butternut, les courgettes, le poivron orange ou vert, les oignons, le céleri et l'ail.
- Amener 750 ml (3 t.) d'eau à ébulliton et cuire les légumes de 1 à 2 minutes (ils doivent demeurer croquants, y compris les pois verts).
- Mettre les légumes dans une passoire et les égoutter.
- Laisser refroidir et ajouter le reste des ingrédients.

Cette salade est très digestibele et convient bien
aux personnes ne digérant pas les crudités.

Salade chaude aux courgettes

Un régal antiacide

1 petite courge Butternut
1 aubergine
2 courgettes (zucchinis)
1 gros oignon
2 branches de céleri
1 poivron jaune, orange ou rouge
45 ml (3 c. à s.) d'huile d'olive ou de carthame
15 ml (1 c. à s.) de concentré de légumes en poudre
ou 30 ml (2 c. à s.) de tamari
Sel de mer et poivre de Cayenne (au goût)

4 PORTIONS
PRÉPARATION : 15 MINUTES
CUISSON : 5 MINUTES

- Peler et couper en cubes la courge Butternut et l'aubergine. Couper les courgettes en tranches ou en cubes. Les cuire séparément à la vapeur ou dans très peu d'eau, car ils doivent rester légèrement croquants.
- Ajouter le reste des ingrédients. Bien assaisonner et servir sur un lit d'épinards. Si désiré, arroser avec la sauce aux tomates fraîches (voir table des matières).
- Se mange chaud ou froid.

Alcaline, cette salade de féculents apporte une merveilleuse douceur pour le système digestif et le métabolisme au complet.

Lorsque le système est trop acide, il est préférable d'éviter les tomates. Cuites, cependant, elles sont plus compatibles avec les féculents.

Salade de courgettes

Très légère

4 courgettes (zucchinis)
2 branches de céleri
250 ml (1 t.) de pois verts frais ou congelés
2 tomates coupées en cubes
Oignon espagnol (au goût)
2 gousses d'ail émincées
6 radis
Persil et basilic (au goût)

2 À 4 PORTIONS
PRÉPARATION : 10 MINUTES

- Couper en tranches très fines ou en cubes, les courgettes (zucchinis), le céleri, les tomates, l'oignon espagnol, les gousses d'ail et les radis.
- Hacher finement le persil et le basilic.
- Remuer le tout et arroser de sauce provençale (voir table des matières).

Voilà une salade qui convient bien aux personnes qui digèrent mal les laitues et les crudités.

Par ses qualités diurétiques, elle favorise l'élimination.

Salade de courgettes et concombre

Légère et diurétique

3 à 4 courgettes (zucchinis) coupées en cubes
1 concombre coupé en cubes
1 poignée de persil haché
1/3 d'oignon rouge haché
1 poignée de pois mange-tout hachés
1 poivron rouge haché
Basilic et origan au goût

4 À 5 PORTIONS
PRÉPARATION : 10 MINUTES

↩ Mélanger tous les ingrédients et arroser de sauce à salade à la française ou de sauce onctueuse au tamari.

Voilà une salade très rafraîchissante. Elle représente une excellente source d'acide folique, de potassium et de vitamine C.
En plus d'être diurétique, elle est dépurative.

Salade de courgettes et de tomates

Tendre et d'un goût raffiné

4 petites courgettes (zucchinis) râpées

1 grosse poignée de persil haché

3 tomates moyennes coupées en dés

2 échalotes émincées

30 ml (2 c. à s.) d'huile de tournesol ou autre

Le jus de 1/2 citron

Sel de mer aromatique

Origan et basilic au goût

Poivre de Cayenne

4 PORTIONS
PRÉPARATION : 10 MINUTES

- Mélanger tous les ingrédients dans un grand bol.

Cette salade accompagne agréablement les repas à base de pommes de terre grillées ou de tofu.

Salade dorée d'automne

Ah ! Les abondantes récoltes de chez nous…

2 à 3 carottes
1 petit navet (pelé)
1 poivron rouge
1/2 courge Buttternut (pelée)
1 branche de céleri
1 avocat, pelé et coupé
Persil frais haché

4 À 5 PORTIONS
PRÉPARATION : 15 MINUTES

- Passer tous les légumes au robot culinaire (ou à la râpe).
- Mélanger le tout dans un grand bol.
- Servir avec la sauce aux fines herbes ou à votre choix (voir table des matières).

C'est une salade savoureuse, colorée et super-nutritive.
Les courges sont de véritables trésors pour notre santé.

La courge se conserve plusieurs mois. Profitons de la saison pour en faire
une bonne provision et en tirer profit jusqu'au printemps.

Salade de l'Eden

Une salade fraîche et tendre qui plaît à tous

1 laitue frisée ou romaine

6 champignons tranchés

1 petit oignon rouge tranché mince

4 radis tranchés

1/2 concombre haché

1 branche de céleri hachée

1 tomate hachée

85 ml (1/3 t.) de graines de tournesol

250 ml (1 t.) de croûtons à l'ail *(voir table des matières)*

85 ml (1/3 t.) (ou plus) de mayonnaise au cari ou de vinaigrette à la moutarde de Dijon *(voir table des matières)*

4 À 6 PORTIONS
PRÉPARATION : 15 MINUTES

- Laver et bien essorer la laitue frisée ou romaine et la déchiqueter.
- Ajouter tous les autres ingrédients à l'exception des croûtons à l'ail, que l'on ajoutera au moment de servir, en même temps que la mayonnaise au cari ou la vinaigrette à la moutarde de Dijon.
- Bien mélanger le tout et servir immédiatement.

N.B : Pour adoucir le goût de cette salade, ajouter 45 ml (3 c. à s.) ou plus de boisson de soja ou de riz.

Cette salade succulente constitue un excellent repas.
Idéale pour les pique-niques.

Salade d'endives

Rompez avec les traditions !

2 endives
6 feuilles de laitue romaine ou autre
1 branche de céleri
1/2 piment rouge
6 olives noires
1 tomate fraîche

2 PORTIONS
PRÉPARATION : 10 MINUTES

- Déchiqueter les endives et la laitue et couper les autres légumes.
- Mélanger le tout dans un grand bol.
- Arroser d'une sauce à salade au goût.

Les olives noires rehaussent cette salade originale et savoureuse.

Les gourmets son choyés.

Salade d'épinards

Douce pour le palais, tout un régal !

1 sac d'épinards
1/2 laitue chinoise
2 échalotes
2 gousses d'ail émincées
1 branche de céleri
2 carottes
1 bouquet de persil
30 ml (2 c. à s.) d'huile d'olive pressée à froid
Le jus de 1 citron
5 olives noires
375 ml (1 1/2 t.) de fromage cottage écrémé ou cubes de tofu grillé avec tamari ou quelques noix
Sel de mer aromatique et basilic au goût

4 PORTIONS
PRÉPARATION : 10 MINUTES
CUISSON : 5 MINUTES

&- Déchiqueter les épinards, trancher la laitue chinoise et hacher les autres légumes.
&- Ajouter l'huile, le jus de citron et les olives noires, bien mélanger.
&- Ajouter le fromage cottage (ou le tofu grillé, ou les noix) et assaisonner.

Repas léger et complet insufflant un regain de vitalité à l'organisme.

Salade d'épinards et gingembre
Un goût différent

1 sac d'épinards
2 branches de céleri émincées
2 échalotes émincées
1 botte de persil haché
65 ml (1/4 t.) de gingembre frais râpé
2 gousses d'ail pressées

4 PORTIONS
PRÉPARATION : 10 MINUTES

- Laver et essorer les épinards. Enlever les tiges.
- Ajouter tous les autres ingrédients.
- Arroser de sauce piquante (voir table des matières).

La chlorophylle que contient les épinards est bénéfique pour la régénération du système digestif. L'idéal est de les consommer crus, car la chlorophylle est très sensible à la chaleur.

Salade d'épinards et de légumes

C'est bien de varier les salades

1 sac d'épinards déchiquetés

2 endives ou chou vert frisé, haché grossièrement

1/2 concombre coupé en cubes

1 poignée de pois mange-tout coupés

1 poivron rouge coupé en cubes

1 branche et feuilles de céleri hachées

1 ou 2 échalotes hachées.

Sauce

45 ml (3 c. à s.) d'huile de carthame pressée à froid

30 ml (2 c. à s.) de sauche tamari

45 ml (3 c. à s.) d'eau

45 ml (3 c. à s.) de racine de gingembre râpée (facultatif)

2 gousses d'ail pressées

Poivre de Cayenne

4 PORTIONS
PRÉPARATION 15 MINUTES

- Mélanger tous les légumes ensemble.
- Mixer tous les ingrédients de la sauce.
- Verser sur la salade juste avant de servir et bien mélanger.

Voilà une salade qui accompagne très bien tous les plats principaux, que ce soit des plats de protéines ou de féculents.

Salade estivale

Un brin de fraîcheur !

1/2 laitue romaine ou frisée, déchiquetée

1 sac d'épinards frais

1/2 concombre anglais, coupé en cubes

1/2 céleri-rave râpé

3 ou 4 radis râpés

2 échalotes ou ciboulette hachées

1 poivron jaune ou orange haché

Basilic frais, origan ou persil au goût (facultatif)

30 ml (2 c. à s.) de levure alimentaire

30 ml (2 c. à s.) de graines de citrouille ou de tournesol

6 PORTIONS
PRÉPARATION : 15 MINUTES

↩ Mélanger tous les ingrédients et les arroser avec la sauce à salade au yogourt ou la sauce onctueuse au tamari (voir table des matières).

Voici une excellente salade d'été riche en vitamines et minéraux.
Elle aide l'organisme à se détoxiquer et à se régénérer.
Les légumes verts contiennent de nombreux pouvoirs de guérison.

C'est un délicieux plat d'accompagnement. Vous n'avez qu'à y ajouter
des protéines ou des céréales et elle devient un repas complet.

Protéines : oeufs, légumineuses, poulet, fromage, tofu, noix, etc.

Céréales : riz, millet, kamut, épeautre, etc.

Salade de fèves germées

La germination, une alimentation vivante

1 laitue Boston, frisée ou autre, déchiquetée

500 ml (2 t.) de fèves germées

1 branche de céleri hachée

1 poivron jaune ou au choix, émincé

2 échalotes hachées

1 radicchio haché

Feuilles de coriandre fraîche hachées ou séchées
(facultatif)

4 À 6 PORTIONS
PRÉPARATION : 15 MINUTES

∽ Mélanger le tout dans un grand bol.
∽ Servir avec la sauce à salade au gingembre et citron ou selon votre choix, (voir table des matières).

C'est une bonne salade d'accompagnement. Elle se déguste également seule ou agrémentée d'amandes ou de noix de pin pour constituer un repas complet.

Les germinations aident à combattre le vieillissement prématuré.

Salade de fèves rouges

Très nourrissante

500 ml (2 t.) de fèves rouges (rognons)
1 1/2 l (6 t.) d'eau
65 ml (1/4 t.) de légumes séchés
1 cube au soya
2 poivrons (jaune, orange ou rouge) hachés
1/2 céleri-rave râpé
250 ml (1 t.) de pois mange-tout coupés
2 gousses d'ail pressées
30 ml (2 c. à s.) d'huile de carthame
Ciboulette ou échalote (au goût)
Persil haché, basilic
Sel de mer aromatique et poivre de Cayenne

4 PORTIONS
PRÉPARATION : 10 MINUTES
CUISSON : 1 H 40

- Ne pas faire tremper les fèves pour éviter leur bris.
- Les cuire à ébullition pendant 10 minutes dans 1 1/2 l (6 t.) d'eau.
- Jeter la première eau de cuisson. Les faire cuire à nouveau avec les légumes séchés et le cube au soya dans 1 1/2 l (6 t.) d'eau. Couvrir et cuire à feu moyen pendant 1 1/2 heure.
- Rincer légèrement, égoutter et laisser refroidir.
- Ajouter tous les autres ingrédients, bien mélanger. Pour servir, déposer sur un lit d'épinards.
- Se conserve 24 heures au réfrigérateur.

Le sel de mer peut toujours être remplacé par un aromate aux légumes et aux herbes. C'est meilleur au goût et pour la santé, car c'est moins salé. Les protéines des légumineuses sont pauvres en gras et riches en hydrates de carbone. Elles sont une richesse pour la santé et une abondante source de vitamines et de minéraux.

Salade de fèves rouges et de croustilles de maïs

Olé ! Olé !

500 ml (2 t.) de fèves rouges cuites
1/2 bloc de tofu (225 g ou 8 on.) coupé en dés
30 ml (2 c. à s.) de tamari
5 ml (1 c. à thé) de poudre de cari
1 laitue frisée ou romaine déchiquetée
2 tomates coupées en dés
1 courgette (zucchini) coupée en dés
1/2 oignon espagnol (ou moins) haché
1 sac de croustilles de maïs (plus ou moins, au goût)
Sel de mer aromatique (facultatif)
Poivre de Cayenne ou poudre de chili
Vinaigrette à la française (voir table des matières)

4 À 6 PORTIONS
PRÉPARATION : 20 MINUTES
CUISSON PRÉALABLE : 1 H 40

- Déposer les fèves rouges cuites dans un bol.
- Faire dorer le tofu dans un poêlon légèrement huilé et, à la toute fin de la cuisson, ajouter le reste des ingrédients à l'exception des croustilles de maïs.
- Arroser de vinaigrette à la française.
- Au moment de servir, ajouter les croustilles de maïs et bien mélanger le tout.

Remarque : Je fais habituellement cuire une bonne quantité de fèves rouges que je congèle ensuite par petites portions. On peut les conserver au congélateur pendant trois mois. Je remplace parfois les croustilles de maïs par des morceaux de galettes de riz au sésame.

Son petit goût piquant est fort agréable.

Colorée, croquante, et délicieuse !

Salade de fèves rouge et noix

Au goût tout à fait délicieux

250 ml (1 t.) de fèves rouges (rognons)
750 ml d'eau
4 échalotes hachées
1 poivron vert ou jaune haché
1 tomate coupée en cubes
1 branches de céleri hachée
1 gousses d'ail pressée
85 ml (1/3 t.) de noix d'acajou
Le jus de 1 citron
30 ml (2 c. à s.) d'huile de carthame
Sel de mer aromatique, poivre de Cayenne
Basilic et persil haché au goût

2 PORTIONS
PRÉPARATION : 10 MINUTES
CUISSON : 1 H 40

- Ne pas faire tremper les fèves rouge pour éviter leur bris. Les cuire à ébullition pendant 10 minutes dans 1 1/2 l (6 t.) d'eau. Jeter la première eau de cuisson. Les faire cuire à nouveau dans 1 1/2 l (6 t.) d'eau à feu moyen pendant 1 h 30. Rincer, égoutter et laisser refroidir.
- Ajouter tous les autres ingrédients, bien mélanger.
- Se conserve 24 heures au réfrigérateur.

Pour varier, choisir une autre légumineuse et compléter avec de la laitue et des graines de tournesol.

Salade de germination de soja

Un précieux secret de l'Orient

500 ml (2 t.) de soja germé*
30 ml (2 c. à s.) de graines de sésame grillées
1 poivron rouge coupé en dés
1 laitue frisée déchiquetée ou des épinards
2 oignons verts (échalotes) émincés
1 courgette (zucchini) coupée en dés
1 branche de céleri hachée
1 gousse d'ail hachée
15 ml (1 c. à s.) de gingembre frais râpé
Coriandre fraîche ou séchée, au goût

4 À 6 PORTIONS
PRÉPARATION : 15 MINUTES (PRÉVOIR D'AVANCE LA GERMINATION – ENVIRON 3 JOURS)
CUISSON : 10 À 15 MINUTES

*Il est préférable, pour une meilleure assimilation, de faire cuire les germes de soja. Pour ce faire, les recouvrir d'eau, porter à ébullition et laisser mijoter de dix à quinze minutes.

- Graines de sésame grillées : Faire griller les graines de sésame à feu moyen dans un poêlon antiadhésif.
- Mélanger tous les ingrédients et les arroser avec la sauce au soja (voir table des matières).

Parmi toutes les légumineuses, c'est le haricot de soja qui est le plus nourrissant. Il constitue une excellente source de protéines complètes et d'acides aminés essentiels. Selon certaines études, le haricot de soja contribuerait à diminuer les risques de cancer du côlon et à favoriser l'équilibre du cholestérol sanguin.

Salade de germination

Salade tonique énergétique

1 laitue Boston ou chicorée
500 ml (2 t.) de luzerne germée
250 ml (1 t.) de pousses de tournesol
1 ou 2 poivrons jaune, orange ou rouge
Oignon rouge (au goût)
Fenouil ou basilic frais
1 betterave râpée
65 ml (1/4 t.) de noix de pin ou autre, ou fromage

2 À 4 PORTIONS
PRÉPARATION : 5 MINUTES

- Déchiqueter la laitue Boston ou la chicorée. Ajouter la luzerne germée et les pousses de tournesol coupées.
- Hacher les poivrons, l'oignon rouge, le fenouil ou le basilic frais. Mélanger légèrement. Incorporer la betterave râpée.
- Servir avec une vinaigrette piquante ou la sauce provençale (voir table des matières).

Excellent repas, complet et léger. Il régénère tout le système. Convient très bien aux personnes sédentaires ou à celles qui effectuent un travail de bureau, car il exige peu d'effort pour la digestion.

Très riche en vitamines, minéraux et enzymes.

Salade de haricots et pommes de terre

Salade de féculents

750 ml (3 t.) de haricots verts
3 grosses pommes de terre
500 ml (2 t.) de maïs frais ou congelé (cuit)
250 ml (1 t.) de pois verts frais ou congelés (cuits)
2 échalotes hachées
2 branches de céleri émincées
45 ml (3 c. à s.) d'huile de carthame ou de tournesol
15 ml (1 c. à s.) de concentré de légumes en poudre ou de tamari
Origan et estragon
Sel de mer aromatique et poivre de Cayenne
Persil (au goût)

4 PORTIONS
PRÉPARATION : 15 MINUTES
CUISSON : 10 MINUTES

- Cuire ensemble les haricots et les pommes de terre, environ 10 minutes. Les légumes doivent être croquants.
- Refroidir et couper en morceaux. Ajouter le reste des ingrédients et mélanger.
- Servir sur un lit de laitue. Décorer avec des radis coupés en rondelles. Manger tel quel.

On peut ajouter, à cette délicieuse salade, de la mayonnaise nature ou du jus de citron. Cependant, si on veut respecter la véritable combinaison alimentaire, le jus de citron n'est pas recommandé mais, occasionnellement, c'est un délicieux compromis.

Salade de haricots verts

Un délice... une salade qui peut facilement être préparée à l'avance

500 ml (2 t.) de haricots verts coupés,
crus ou légèrement cuits

500 ml (2 t.) de maïs, frais ou surgelé

1 poivron rouge coupé en dés

2 échalotes tranchées

1 branche de céleri tranchée

2 pommes de terre (légèrement cuites) coupées en dés

15 ml (1 c. à s.) de basilic

Sel de mer aromatique

Poivre de Cayenne

Vinaigrette au choix : à la française ou à l'italienne
(voir table des matières)

3 À 4 PORTIONS
PRÉPARATION : 20 MINUTES

- Mélanger tous les ingrédients et les arroser de vinaigrette.
- Variante :   Cette salade est délicieuse avec 85 ml (1/3 t.) de boisson de soja, 85 ml (1/3 t.) de mayonnaise naturelle et le jus de 1/2 citron.
- S'apporte très bien dans le panier à pique-nique ou la boîte à lunch.

Riche en fibres, en vitamines et en minéraux, un mélange tonifiant et dépuratif qui aide à prévenir et à combattre les infections.

Salade aux herbes fraîches et germination

D'une fraîcheur garantie

1 laitue romaine ou frisée

1 courgette (zucchini) jaune ou verte

1/2 céleri-rave râpé

1 poivron rouge, jaune ou vert

250 ml (1 t.) de germinations telles que lentilles, mungs, tournesol

1 poignée de pois mange-tout émincés ou de pois verts

Persil frais au goût

Feuilles de menthe fraîche hachées

Garniture :

Luzerne

3 À 4 PORTIONS
PRÉPARATION : 10 MINUTES

- Mélanger tous les ingrédients et garnir avec de la luzerne.
- Servir avec une sauce à salade au choix (voir table des matières) ou de l'huile d'olive et du jus de citron frais.

Les herbes sont un atout pour notre santé. Il est judicieux d'en ajouter non seulement dans les salades, mais aussi dans les plats cuisinés.

Le persil est un aliment riche en fer et une abondante source de vitamine C.

La menthe et le basilic aident à la digestion, favorisent la détente et apaisent l'estomac.

Salade d'hiver

Réconfortante et savoureuse

1/2 chou rouge râpé

1/2 chou vert râpé

2 à 3 échalotes hachées

1 ou 2 carottes râpées

1 ou 2 panais râpés

ou une petite courge Butternut râpée

Fines herbes au goût

15 ml (1 c. à s.) de levure alimentaire

4 À 6 PORTIONS
PRÉPARATION : 20 MINUTES

↬ Mélanger tous les ingrédients et assaisonner avec la mayonnaise « Tofu-mayo », (voir table des matières).

Les choux, le panais, les courges d'hiver et les carottes sont d'excellents aliments qui nous aident à traverser la période hivernale. Riches en potassium, acide folique, magnésium, vitamine A, complexe B, et plus encore. Ces aliments constituent un bon tonique pour notre santé.

Cette salade possède plusieurs vertus thérapeutiques : elle est diurétique, purifiante et antirhumatismale.

La salade du jardin

Légère et savoureuse

1 petite laitue déchiquetée, pommée ou en feuilles
1 radicchio ou chou rouge râpé au goût
1 poivron jaune ou rouge haché
1 branche de céleri émincée
1/2 concombre coupé en cubes
1 oignon rouge émincé (au goût)
1 bouquet de persil haché
1 petite tête de brocoli (au goût)

2 À 4 PORTIONS
PRÉPARATION : 10 MINUTES

↤ Mélanger tous les ingrédients et les arroser avec la sauce provençale ou la sauce piquante. (Voir table des matières).

Cette excellente salade d'accompagnement se déguste en tout temps.
Elle peut aussi servir de repas complet ;
il suffit d'y ajouter du fromage ou des noix.

Les salades ou les crudités sont une abondante source d'enzymes, de vitamines et de minéraux. Prises au début d'un repas, elles agissent comme tonique pour stimuler les fonctions digestives.

Légumes marinés

En hors-d'œuvre ou en salade

1/2 petit chou-fleur

1/2 bouquet de brocoli

1/2 poivron vert tranché mince

1 à 2 carottes coupées en bâtonnets très fins

5 à 6 champignons tranchés

1 courgette (zucchini) coupée en bâtonnets

250 ml (1 t.) de tomates cerises entières ou plus

1 branche de céleri coupée en bâtonnets

1/2 oignon espagnol tranché mince

5 ml (1 c. à thé) de graines de céleri (facultatif)

190 ml (3/4 t.) de vinaigrette à la française
ou à l'italienne (voir table des matières)

4 À 6 PORTIONS
PRÉPARATION : 25 MINUTES – MARINER 12 HEURES

- Séparer les fleurs de brocoli et de chou-fleur en fleurettes. La tige de brocoli peut être pelée et coupée finement.
- Déposer tous les légumes dans un grand plat hermétique.
- Verser la vinaigrette sur les légumes.
- Fermer le contenant et bien le remuer pour mélanger la vinaigrette et les légumes.
- Réfrigérer pendant au moins 12 heures en retournant le contenant de temps à autre.

Cette recette fait fureur…

Servir comme hors-d'œuvre ou avec les salades et les plats de résistance.

Riche en vitamines A, B6, et C, de même qu'en fer et en potassium, cette combinaison d'aliments contient beaucoup de nutriments qui aident à prévenir les cancers.

Salade de légumes et tofu à l'orientale

Couleurs et saveurs agrémentent ce repas

2 endives tranchées

2 carottes ou 2 poivrons rouges coupés en cubes

1 oignon haché

750 ml (3 t.) de fèves germées

1 bloc de tofu (voir table des matières :
« Sauté de tofu »)

30 ml (2 c. à s.) d'huile d'olive ou autre

15 ml (1 c. à s.) de tamari

85 ml (1/3 t.) de persil frais haché

5 ml (1 c. à thé) d'origan

Sel de mer aromatique

Poivre de Cayenne

Le jus de 1/2 citron (facultatif)

4 PORTIONS
PRÉPARATION : 20 MINUTES
CUISSON : 15 MINUTES

- Mettre dans un poêlon antiadhésif les 4 premiers ingrédients et cuire légèrement à feu moyen.
- Ajouter le reste des aliments et continuer la cuisson à feu doux environ 5 minutes.

Servir cette salade chaude sur un nid d'épinards.

Ce mets est facile à digérer et riche en calcium et potassium.

L'endive est une excellente source de zinc, de vitamine C et d'acide folique. Elle est diurétique, cholagogue (foie) et dépurative. C'est un tonique riche en minéraux.

Salade de légumes et tournesol

Une richesse de couleurs !

750 ml (3 t.) d'épinards
1 petite laitue déchiquetée, pommée ou en feuilles
1 radicchio tranché
1 poivron jaune ou orange, haché
1 branche de céleri mémincée
3 ou 4 radis tranchés
Oignon rouge ou échalote, au goût
125 ml (1/2 t.) de graines de tournesol grillées
30 ml (2 c. à s.) d'huile d'olive pressée à froid, ou autre
Le jus de 1 citron
15 ml. (1 c. à s.) de racine de gingembre râpée
ou 2 gousses d'ail pressées
Mayonnaise naturelle (facultatif)
Luzerne
Basilic
Sel de mer aromatique

4 PORTIONS
PRÉPARATION : 10 MINUTES

↶ Mélanger tous les ingrédients.
↶ Décorer avec la luzerne.

En ajoutant du fromage, du tofu grillé ou des noix,
vous obtenez un excellent repas de protéines.

Salade de légumineuses

Véritable conserve naturelle

250 ml (1 t.) de petites fèves de Lima (cuites)
250 ml (1 t.) de fèves pinto (cuites)
250 ml (1 t.) de fèves flageolets (cuites)
2 branches de céleri hachées
1 poivron rouge haché
Oignon rouge émincé (au goût)
45 ml (3 c. à s.) d'huile de carthame ou de tournesol
45 ml (3 c. à s.) de tamari
15 ml (1 c. à s.) de moutarde en poudre
Sel de mer aromatique et poivre de Cayenne
Basilic (au goût)

4 PORTIONS
PRÉPARATION : 10 MINUTES
CUISSON : 1 H 30

↬ Il est préférable de faire tremper et de cuire séparément les légumineuses dans trois fois leur volume d'eau. Cuites, elles doublent presque de volume.

↬ Ajouter le reste des ingrédients aux fèves déjà cuites. Assaisonner au goût.

Les légumineuses sont des aliments de haute qualité. Riches en fibres, elles contribuent à diminuer le taux de cholestérol dans le sang (je l'ai expérimenté moi-même avec succès). Elles sont aussi reconnues pour aider à prévenir les maladies cardiaques et le diabète.

Salade de luzerne

Très haute valeur nutritive

500 ml (2 t.) de luzerne
1 laitue Boston déchiquetée
Quelques feuilles d'épinards déchiquetées
1/2 concombre coupé en cubes
6 radis tranchés
1 branche de céleri
1 tranche d'oignon espagnol hachée
ou 2 échalotes émincées
Huile d'olive ou de carthame
Jus de citron
Basilic
Sel de mer aromatique

2 PORTIONS
PRÉPARATION : 5 MINUTES

↝ Mélanger tous les ingrédients dans un grand bol.
↝ Arroser d'un filet d'huile et de jus de citron, ou d'une vinaigrette santé.

Cette salade, très riche en vitamines et minéraux, accompagne aussi bien les repas de protéines que les repas de féculents.

Salade de macaroni

À apporter en pique-nique

4 échalotes
1 carotte
1 branche de céleri
1 poivron vert
1 1/2 litre (6 t.) d'eau
500 ml (2 t.) de macaroni
85 ml (1/3 t.) de noix d'acajou
Fines herbes
Sel de mer aromatique et poivre de Cayenne
45 ml (3 c. à s.) de mayonnaise maison
65ml (1/4 t.) de boisson de soja, de lait
ou de yogourt nature

4 PORTIONS
PRÉPARATION : 20 MINUTES
CUISSON PRÉALABLE : 10 MINUTES

- Hacher finement les légumes et mettre de côté.
- Amener l'eau à ébullition et cuire les macaronis au goût.
- Rincer les nouilles à l'eau froide et égoutter.
- Mélanger dans un grand bol avec tous les autres ingrédients.

Une recette à partager avec des amis,
tous les jours comme dans les grandes occasions !

Spirale, coquille, macaroni, fusilli, etc.

Salade de maïs

Un excellent repas énergétique

1 l (4 t.) de maïs cuit frais ou congelé
500 ml (2 t.) de pois mange-tout coupés finement
2 branches de céleri émincées
1 poivron vert haché
1/2 oignon rouge haché
1 courgette (zucchini) coupée en petits cubes
1 carotte râpée
30 ml (2 c. à s.) d'huile de tournesol
Ser de mer, poivre de Cayenne et fines herbes au goût.

3 PORTIONS
PRÉPARATION : 15 MINUTES
CUISSON : 10 MINUTES

- Cuire le maïs et le laisser reforidir.
- Ajouter tous les autres ingrédients et servir sur un lit d'épinards ou de laitue.
- Se conserve 2 jours au réfrigérateur.

Un régal pour toute la famille.

Salade de maïs et de couscous

Simple et savoureuse

500 ml (2 t.) de couscous
500 ml (2 t.) d'eau
1 cube de soya ou 5 ml (1 c. à thé) de concentré de légumes
500 ml (2 t.) de maïs frais ou congelé (cuit)
250 ml (1 t.) fleurettes de brocoli ou de choux-fleur blanchi
30 ml (2 c. à s.) d'huile de carthame
2 échalotes émincées
1 branche de céleri hachée
1 zucchini coupé en cubes
Sel de mer aromatique, poivre de Cayenne, origan

4 PORTIONS
PRÉPARATION : 15 MINUTES
CUISSON : 10 MINUTES

- Rincer le couscous à l'eau claire dans une passoire.
- Porter l'eau à ébullition et ajouter le cube de soya ou le concentré de légumes. Laisser dissoudre.
- Fermer le feu et ajouter le couscous. Laisser gonfler 5 minutes en brassant de temps en temps avec une fourchette.
- Ajouter le reste des ingrédients.

Ce repas, une douceur pour le palais, peut être servi sur des lamelles de chou légèrement cuit ou avec des haricots.

Décorer avec des betteraves cuites, en rondelles ou en cubes.

Un plat irrésistible !

Salade de maïs à la grecque

Vive la variété !

5 épis de maïs ou 1 litre (4 t.) de maïs surgelé

250 ml (1 t.) de blé boulghour

250 ml (1 t.) d'eau chaude

125 ml (1/2 t.) de sauté de tofu *(voir table des matières)*

1/2 poivron rouge haché

1/2 oignon rouge haché

1 branche de céleri hachée

12 olives noires dénoyautées et hachées

5 ml (1 c. à thé) de basilic

Sel de mer aromatisé

Poivre de Cayenne

30 ml (2 c. à s.) d'huile de carthame ou d'olive ou de vinaigrette
à la moutarde de Dijon *(voir table des matières)*

Tomates cerises

6 PORTIONS
PRÉPARATION : 15 MINUTES
TREMPAGE : 10 MINUTES
CUISSON : 3 MINUTES

- Dans une grande casserole d'eau bouillante, cuire les épis de maïs environ 3 minutes. Retirer les épis de la casserole et les laisser refroidir. À l'aide d'un couteau bien aiguisé, égrener les épis. Mettre de côté. Si on utilise du maïs surgelé, le décongeler, le cuire légèrement dans un peu d'eau, puis l'égoutter.
- Mettre le blé boulghour dans une passoire et rincer à l'eau tiède. Verser dans un petit bol et ajouter 250 ml (1 t.) d'eau chaude. Laisser tremper 10 minutes puis égoutter si nécessaire.
- Dans un bol, mélanger le maïs, le blé boulghour et le reste des ingrédients. Assaisonner au goût. Ajouter l'huile ou la vinaigrette à la moutarde de Dijon.
- Servir sur un bon nid de laitue toute fraîche et décorer avec des tomates cerises.

Complète du point de vue nutritif et bien équilibrée en protéines, cette salade peut très bien servir de repas.

Salade de millet

Un goût discret, doux pour le palais...

500 ml (2 t.) de millet
1 l (4 t.) d'eau
500 ml (2 t.) de maïs frais ou surgelé
1 poivron rouge
1/2 oignon espagnol
1 carotte
1 branche de céleri
Persil
45 ml (3 c. à s.) d'huile de carthame ou autre
30 ml (2 c. à s.) de sauce tamari
Poivre de Cayenne
65 ml (1/4 t.) de boisson de soja ou de lait

4 PORTIONS
PRÉPARATION : 15 MINUTES
CUISSON PRÉALABLE : 20 MINUTES

- Porter l'eau à ébullition, verser le millet et cuire 20 minutes à découvert.
- Rincer à l'eau froide, égoutter et laisser refroidir.
- Hacher finement les légumes.
- Déposer tous les ingrédients dans un grand bol et mélanger.
- Si c'est trop sec, ajouter un peu d'eau ou de sauce tamari.

Servie sur un lit de haricots cuits jaunes et verts, cette céréale alcaline est reconnue pour sa très grande digestibilité.

Toutes les vertus du millet.

Salade de millet, de maïs et de tofu

Toute en douceur

500 ml (2 t.) de millet cuit
1 bloc de tofu (450 g ou 16 on.) râpé
45 ml (3 c. à s.) de tamari
15 ml (1 c. à s.) d'huile de soja ou autre
500 ml (2 t.) de maïs frais ou surgelé (cuire 5 minutes)
1 branche de céleri émincée
2 échalotes hachées
1/2 poivron rouge haché
45 ml (3 c. à s.) de tamari
45 ml (3 c. à s.) d'huile de tournesol ou de soja
Le jus de 1/2 citron
5 ml (1 c. à thé) de moutarde de Dijon
Fines herbes au goût
Poivre de Cayenne

4 À 6 PORTIONS
PRÉPARATION : 25 MINUTES
CUISSON PRÉALABLE : 20 MINUTES

- Mettre le millet cuit dans un grand bol.
- Faire dorer le tofu dans un poêlon antiadhésif.
- À la fin de la cuisson, ajouter le tamari et l'huile.
- Déposer le tofu sur le millet cuit et ajouter le reste des ingrédients.

N.B : 250 ml (1 t.) de millet non cuit donne environ 500 ml (2 t.) de millet cuit. Le millet se cuit comme le riz (environ 20 minutes).

Variante : Le millet peut être remplacé par du riz, du quinoa, du sarrasin, des pâtes alimentaires ou du couscous. Le maïs peut être remplacé par des pois verts.

Riche en fibres, ce repas est complet du point de vue protéique.

Salade de pissenlits

Un précieux dépuratif organique

Jeunes pousses de pissenlits au goût ou
1 laitue chicorée, (bien laver, essorer et couper)

2 à 3 échalotes ou ciboulette, hachées

1 à 2 gousses d'ail émincées

3 ou 4 radis hachés finement ou un peu de radis noir

1 branche de céleri hachée

Persil au goût ou mélisse, ou coriandre fraîche

4 PORTIONS
PRÉPARATION : 10 MINUTES

ல் Mélanger tous les ingrédients et servir avec une sauce à salade onctueuse au tamari, ou simplement huile d'olive et citron, (voir table des matières).

Les feuilles de pissenlits sont riches en vitamine A, calcium, magnésium et acide folique.

Lorsque nous ne pouvons cueillir les jeunes pousses, il est possible de les remplacer par de la chicorée.

Dépuratif précieux du printemps, tonique et diurétique, le pissenlit favorise la guérison des ulcères lorsque pris en jus ou même en tisane.

Salade de pois chiches

Pour les bons appétits

125 ml (1/2 t.) de pois chiches
et 500 ml (2 t.) d'eau
125 ml (1/2 t.) de riz brun
ou 125 ml (1/2 t.) de millet
et 250 ml (1 t.) d'eau
2 poivrons de couleur
2 tomates
1 zucchini
2 échalotes
1 branche de céleri
30 ml (2 c. à s.) d'huile de carthame ou autre
Jus de citron au goût
Sel de mer, poivre de Cayenne et basilic

4 PORTIONS
PRÉPARATION : 15 MINUTES
CUISSON PRÉALABLE 1 H 30

- Cuire les pois chiches pré-trempés et le riz brun séparément.
- Rincer à l'eau froide.
- Couper les légumes en petits morceaux.
- Mélanger le tout dans un grand bol et assaisonner.

Sur un lit de laitue fraîche,
cette salade devient un repas complet et équilibré.

Quel délice !

Salade de pois chiches et maïs

Succulent mélange !

500 ml (2 t.) de pois chiches
1 1/2 l (6 t.) d'eau
1 1/2 l (6 t.) d'eau
1 l (4 t.) de maïs cuit, frais ou congelé
2 poivrons verts hachés
45 ml (3 c. à s.) d'huile de carthame pressée à froid
Basilic
Sel de mer aromatique
Poivre de Cayenne

4 PORTIONS
PRÉPARATION : 10 MINUTES
CUISSON : 1H30
TREMPAGE : 3 HRES

- Porter 1 1/2 l (6 t.) d'eau à ébullition ; ajouter les pois chiches préalablement lavés et cuire pendant 5 minutes.
- Fermer le feu, couvrir la casserole. Laisser tremper 3 hres.
- Jeter l'eau de trempage ; ajouter à nouveau la même quantité d'eau.
- Cuire environ 1h30 à demi couvert pour empêcher le débordement.
- Jeter l'eau ; rincer les pois chiches à l'eau froide.
- Ajouter les autres ingrédients ; mélanger le tout.
- Servir sur un lit de laitue fraîche.

Décorée de betteraves râpées et de persil,
cette salade s'avère un repas délectable.

Vous pouvez la servir chaude ou froide.

Salade de pois chiches et de tofu

Idéale lors des journées plus fraîches d'été

250 ml (1 t.) de pois chiches
750 ml (3 t.) d'eau
30 ml (2 c. à s.) d'huile de tournesol, de carthame ou d'olive
1 poivron vert haché
1/2 poivron rouge haché
1/2 branche de céleri hachée
125 ml (1/2 t.) d'oignon espagnol haché
1 ou 2 tomates coupées en dés
1 gousse d'ail pressée
2 échalotes émincées
250 ml (1 t.) de sauté de tofu *(voir table des matières)*
5 ml (1 c. à thé) de poudre de cari
Sel de mer aromatique
Poivre de Cayenne

4 À 5 PORTIONS
PRÉPARATION : 15 MINUTES
TREMPAGE : 12 À 15 HEURES
CUISSON : 1H30

- Laver et tremper les pois chiches dans 750 ml (3 t.) d'eau durant 12 à 15 heures. Jeter cette eau.
- Ajouter à nouveau 750 ml (3 t.) d'eau. Porter à ébullition, réduire à feu moyen, couvrir et laisser mijoter environ 1h30.
- Jeter l'eau de cuisson et ajouter le reste des ingrédients. Assaisonner au goût.

N.B : Le tofu peut être remplacé par du fromage cottage ou du fromage coupé en cubes.

Cette salade se déguste froide ou légèrement réchauffée à la poêle. Elle peut aussi être congelée. Dans ce cas, il est préférable de la décongeler au four à 120ºC (250ºF) jusqu'à ce qu'elle soit tiède.

Salade de pois mange-tout

Une salade originale

750 ml (3 t.) de pois mange-tout
500 ml (2 t.) de chou vert coupé en fines lamelles
Eau bouillante salée
1 poivron vert haché
1 branche de céleri émincée
500 ml (2 t.) de fèves germées
1/2 oignon espagnol haché
85 ml (1/3 t.) de noix d'acajou
Luzerne

4 PORTIONS
PRÉPARATION : 10 MINUTES

- Ébouillanter les pois mange-tout et le chou vert coupé en fines lamelles pendant une minute. Égoutter.
- Mélanger tous les ingrédients, sauf la luzerne.
- Décorer avec la luzerne.
- Arroser de sauce à la Bragg (voir table des matières) ou de toute autre vinaigrette de votre choix.

Une salade qui vaut le plaisir d'être dégustée.

Salade de pois mange-tout et cresson

Une salade antianémique

500 ml (2 t.) de pois mange-tout, ou plus, coupés finement en biseau
1 botte de cresson coupé
1/2 radicchio coupé finement
1/2 concombre coupé en petits cubes
Ciboulette et persil au goût

3 À 4 PORTIONS
PRÉPARATION : 10 MINUTES

- Mélanger tous les ingrédients.
- Arroser avec la sauce au yogourt de soja ou selon votre choix (voir table des matières).

Cette salade nous offre plusieurs vertus thérapeutiques . Une « clé d'or » pour notre santé, elle aide notre organisme en agissant comme tonique et ressource celui-ci en minéraux. En plus d'être dépurative et diurétique, elle contient de la vitamine C, du calcium et du magnésium.

Une salade dé-lec-ta-ble ! Exquise au goût !

Salade de petits pois verts et de maïs

Haute en couleurs !

250 ml (1 t.) de pois verts, frais ou surgelés
750 ml (3 t.) de maïs, frais ou surgelé (cuit)
3 pommes de terre moyennes coupées en cubes
1/2 bloc de tofu (225 g ou 8 on.) coupé en dés
30 ml (2 c. à s.) de tamari
15 ml (1 c. à s.) d'huile de soja ou autre
3 échalotes émincés
1/2 poivron vert haché
1/2 poivron rouge haché
1 branche de céleri émincée
5 ml (1 c. à thé) de cari
5 ml (1 c. à thé) d'estragon
45 ml (3 c. à s.) d'huile de soja ou autre
45 ml (3 c. à s.) de mayonnaise au tofu ou autre
65 ml (1/4 t.) de boisson de soja

4 À 6 PORTIONS
PRÉPARATION : 20 MINUTES
CUISSON : 5 À 10 MINUTES

- Cuire légèrement les pois verts, le maïs et les pommes de terre en cubes. Réserver.
- Faire dorer le tofu dans un poêlon antiadhésif ; à la fin de la cuisson, ajouter le tamari et 15 ml (1 c. à s.) d'huile.
- Déposer le tofu sur le mélange de légumes cuits et ajouter le reste des ingrédients.

Délicieuse et nutritive, cette salade se déguste
aussi bien chaude que froide.

Salade de pommes de terre, betteraves et maïs

Hautement colorée et riche en saveurs

Laitue en feuilles
4 grosses pommes de terre
2 betteraves moyennes
500 ml (2 t.) de maïs cuit frais ou surgelé
2 échalotes émincées
1 branche de céleri hachée
1 bouquet de persil haché
1/2 poivron vert haché
65 m. (1/4 t.) de graines de tournesol
45 ml (3 c. à s.) d'huile de tournesol
45 ml (3 c. à s.) de mayonnaise naturelle
Feuilles de menthe fraîche hachées (facultatif)
Le jus de 1/2 citron
Sel de mer et poivre de Cayenne

4 PORTIONS
PRÉPARATION : 15 MINUTES
CUISSON : 15 MINUTES

- Cuire séparément les pommes de terre et les betteraves.
- Laisser refroidir puis couper en morceaux.
- Mettre dans un grand bol et mélanger avec tous les autres légumes.
- Ajouter les graines de tournesol et les assaisonnements.
- Servir sur des feuilles de laitue.

N.B : Pour éviter de rougir la salade, mélanger délicatement et en dernier les betteraves.

La menthe est douce et calmante. Ajoutée aux salades, elle favorise une saine digestion.

De bonne valeur nutritive, c'est une excellente salade à servir en toute occasion.

Salade de pommes de terre grillées

Un délice pour fins gourmets

4 pommes de terre (moyennes à grosses) ou 12 grelots
45 ml (3 c. à s.) d'huile de tournesol ou autre
1 poivron vert coupé en lamelles
1 poivron rouge coupé en lamelles
1 branche de céleri tranchée
1/2 oignon espagnol ou rouge tranché en rondelles
65 ml (1/4 t.) de mayonnaise au cari ou autre
45 ml (3 c. à s.) de boisson de soja, de riz ou autre
30 ml (2 c. à s.) de basilic (frais si possible)
5 ml (1 c. à thé) de poudre de cari
1 à 2 gousses d'ail pressées
Sel de mer aromatique
Poivre de Cayenne

4 PORTIONS
PRÉPARATION : 10 MINUTES
PRÉCUISSON : 5 MINUTES
CUISSON : 10 MINUTES

∽ Préchauffer le barbecue pendant 10 minutes à feu moyen. Laver, brosser et couper les pommes de terre en quatre à l'exception des grelots qui ne doivent être coupés qu'en deux. Cuire les pommes de terre dans un peu d'eau jusqu'à ce qu'elles soient attendries (environ 5 minutes à feu doux). Elles doivent demeurer croquantes et dures. Égoutter. Ajouter l'huile de tournesol. Mettre de côté.

∽ Huiler un panier à légumes ou un poêlon et y cuire ensemble le poivron vert, le poivron rouge, le céleri et l'oignon, juste assez pour attendrir (environ 5 minutes). Réserver.

∽ Placer les pommes de terres sur le grillage conçu pour les petits aliments ou sur une tôle à pizza trouée sur la grille du bas et cuire à feu moyen pendant environ 10 minutes. Bien griller les pommes de terre. Mettre tous les légumes et les pommes de terre grillées dans un bol et ajouter le reste des ingrédients.

Les pommes de terre grillées ajoutent à cette salade de fantaisie une saveur spéciale et fort appréciée de tous.

Salade de pommes de terre et de maïs

Un p'tit goût de revenez-y

4 grosses pommes de terre

500 ml (2 t.) d'haricots verts

2 carottes

2 échalotes

1 piment rouge

1 branche de céleri

Quelques pois mange-tout

500 ml (2 t.) de maïs frais ou surgelé (cuit)

30 ml (2 c. à s.) d'huile de carthame ou autre

30 ml (2 c. à s.) de mayonnaise maison

Sel de mer aromatique, poivre de Cayenne
et basilic au goût

65 ml (1/4 t.) de boisson de soja ou de lait

4 PORTIONS
PRÉPARATION : 25 MINUTES
CUISSON : 10 MINUTES

- Cuire les pommes de terre et les haricots.
- Laisser refroidir et couper en morceaux.
- Râper les carottes et hacher finement les autres légumes.
- Déposer tous les ingrédients dans un grand bol et bien mélanger.
- Disposer délicatement sur une grande feuille de laitue romaine.

Vraiment délicieuse !

Salade printanière

Une effluve de fraîcheur dans votre assiette

1 sac d'épinards (feuilles déchiquetées)
Jeunes feuilles de pissenlits
ou de chicorée (scarole) coupées
3 à 4 radis hachés
1 ou 2 gousses d'ail hachées
Fines herbes fraîches
(basilic, ciboulette, persil, marjolaine)

4 À 6 PORTIONS
PRÉPARATION : 10 MINUTES

↬ Mélanger le tout avec la sauce à salade au gingembre et citron, ou « Tofu-mayo » et huile d'olive, (voir table des matières).

C'est un trésor pour notre santé.

Quel délice ! Ma mère m'émerveillait le printemps venu avec ses salades de pissenlits. Elle savait très bien les apprêter.

Tout le monde s'en régalait.

Salade de quinoa

Excellente protéine, cette céréale !

500 ml (2 t.) de quinoa
1 l (4 t.) d'eau
1 cube de soja
65 ml (1/4 t.) de légumes séchés
500 ml (2 t.) de pois verts frais ou congelés (cuits)
1 poivron jaune, orange ou rouge coupé en cubes
1/2 oignon espagnol émincé
1 branche de céleri hachée
1 bouquet de persil haché
3 radis émincés
30 ml (2 c. à s.) d'huile de carthame
45 ml (3 c. à s.) de tamari
Sel de mer aromatique, poivre de Cayenne
Fines herbes (au goût)

4 PORTIONS
PRÉPARATION : 10 MINUTES
CUISSON : 25 MINUTES

- Mettre le quinoa dans une passoire et rincer abondamment à l'eau froide.
- Porter l'eau à ébullition avec le cube de soja et les légumes séchés. Ajouter le quinoa. Cuire à feu moyen, couvert, environ 25 minutes. Égoutter si nécessaire. Laisser refroidir.
- Ajouter tous les légumes et le reste des ingrédients. Servir sur des feuilles de laitue.

Le quinoa est la seule céréale qui possède une protéine complète et très alcaline. Elle a un goût différent ; son enveloppe est amère. Il est donc bien important de la rincer abondamment à l'eau froide avant de la cuire. Elle ne contient pas de gluten, donc elle n'est pas collante.

Salade de riz et de pois chiches

Pour les bons appétits

250 ml (1 t.) de riz brun
500 ml (2 t.) d'eau
250 ml (1 t.) de pois chiches
750 ml d'eau
2 poivrons rouges, oranges ou jaunes
3 tomates
1 branche de céleri
2 échalotes
1 courgette (zucchini)
30 ml (2 c. à s.) de sauce tamari
30 ml (2 c. à s.) d'huile de carthame
Sel de mer aromatique, poivre de Cayenne et fines herbes au goût
Jus de citron au goût

4 À 6 PORTIONS
PRÉPARATION : 15 MINUTES
CUISSON : 90 MINUTES

- Cuire le riz brun et les pois chiches séparément.
- Il est préférable de faire tremper les pois chiches dans l'eau froide envion une heure avant la cuisson.
- Rincer le riz et les pois chiches à l'eau froide après la cuisson, bien égoutter.
- Couper les légumes en petits morceaux.
- Mélanger le tout dans un grand bol.
- Servir sur un lit de laitue et décorer avec des pois verts frais ou congelés (si congelés, les chauffer avant).

Truc énergétique : lorsque très fatigué, consommer cette salade en remplaçant le sel de mer aromatique par 5 ml (1 c. à thé) de prunes salées (vendues dans les magasins de produits naturels). Délayer les prunes salées dans un peu d'eau avant de les incorporer à la salade.

Salade romaine et chicorée

La douce saveur du pissenlit des champs

1/2 laitue romaine
1/2 laitue chicorée
2 échalotes
1 tranche d'oignon espagnol
6 radis
1 poignée de persil frais haché
30 ml (2 c. à s.) de mayonnaise maison ou naturelle
Le jus de 1/2 citron
Basilic
Sel de mer aromatique

2 À 3 PORTIONS
PRÉPARATION : 10 MINUTES

- ☙ Nettoyer et déchiqueter les laitues.
- ☙ Couper finement les légumes et les incorporer à la laitue.
- ☙ Ajouter, juste avant de servir, les autres ingrédients.

La chicorée, riche en chlorophylle et en sels minéraux, est bienfaisante pour la digestion et la santé en général.

Son goût, légèrement amer, rappelle celui des feuilles du pissenlit.

Délicieusement champêtre cette salade !

Salade surprise

Goûtez la différence !

1 bouquet de laitue en feuilles (frisée)

1 petit concombre tranché mince

ou 2 petites courgettes (zucchinis)

1 branche de céleri émincée

2 échalotes émincées

1 poignée de persil frais haché

1 poignée d'épinards déchiquetés

250 ml (1 t.) de sauté de tofu

ou 250 ml (1 t.) de fromage râpé

Sauce à l'avocat et à la pomme verte

(voir table des matières)

4 PORTIONS
PRÉPARATION : 15 MINUTES

- Laver et déchiqueter la laitue.
- Mélanger tous les ingrédients.
- Au moment de servir, arroser de sauce à l'avocat et à la pomme verte.

*Vous pouvez ajouter, au sauté de tofu, des herbes
telles que le basilic, l'origan, l'estragon etc.*

Tout à fait délectable !

Salade taboulé

Une bouffée de fraîcheur

3 tomates
250 ml (1 t.) de persil
1 oignon espagnol
500 ml (2 t.) de blé boulghour
500 ml (2 t.) d'eau
Le jus de 2 citrons
65 ml (1/4 t.) d'huile d'olive
Sel de mer aromatique et poivre de Cayenne au goût

4 PORTIONS
PRÉPARATION : 20 MINUTES
CUISSON PRÉALABLE : 40 MINUTES

- Couper les tomates ; hacher finement le persil et l'oignon, puis mettre de côté.
- Dans une passoire, rincer le blé boulghour à l'eau claire.
- Dans un chaudron, amener l'eau à ébullition, retirer du feu et y verser le blé boulghour.
- Laisser gonfler à découvert 40 minutes en brassant de temps en temps.
- Ajouter les autres ingrédients et bien mélanger.
- On peut réfrigérer un peu avant de servir, pour accentuer le goût.

Pour compléter la protéine et rehausser la saveur, ajouter un peu de noix de pin ou de la menthe fraîche.

En entrée, servir un jus de légumes frais à l'extracteur et des crudités en trempette. Le tout constitue un repas exquis.

Quel délice !

Salade automnale (p. 25)

Salade de pois mange-tout (p. 85)

Salade aux herbes fraîches et germination (p. 67)

Salade de fruits acides (p. 155)

Salade de tofu au cari et au gingembre

Une salade rafraîchissante

1 bloc de tofu (450 g ou 16 on.) coupé en petits cubes
45 ml (3 c. à s.) de tamari
15 ml (1 c. à s.) d'huile de soja ou autre
1/2 oignon espagnol haché
1 gousse d'ail hachée
1 grosse carotte hachée
750 ml (3 t.) de haricots verts coupés en biseau
750 ml (3 t.) de choux rouge coupé finement
15 ml (1 c. à s.) de gingembre frais râpé
65 ml (1/4 t.) d'huile de tournesol, de soja ou autre
Le jus de 1/2 citron
5 ml (1 c. à thé) de cari
Origan et basilic au goût
Sel de mer aromatique
Poivre de Cayenne

4 PORTIONS
PRÉPARATION : 25 MINUTES

- Faire dorer le tofu dans un poêlon antiadhésif. Lorsque le tofu est bien doré, ajouter le tamari et l'huile.
- Mélanger tous les ingrédients et laisser reposer de 3 à 4 heures (si possible) ou encore mieux, la préparer une journée à l'avance. Le goût n'en sera que rehaussé.
- Servir sur un lit de laitue et de luzerne, sur du riz, du millet, du quinoa ou des pâtes. Garnir avec des radis et de la germination ou des noix de soja.

Un repas stimulant et facile à digérer. Une excellente source de protéines, de vitamines et de minéraux qui aident à renforcer le système immunitaire.

Salade de tomates et de persil

Saveur et fraîcheur estivales

4 grosses tomates coupées en morceaux

1 bouquet de persil haché finement

Le jus de 1/4 de citron

30 ml (2 c. à s.) de basilic frais
ou 15 ml (1 c. à s.) de basilic séché

5 ml (1 c. à thé) d'origan

15 ml (1 c. à s.) d'huile d'olive ou autre

Sel de mer aromatique

Poivre de Cayenne

4 PORTIONS
PRÉPARATION : 10 MINUTES

↬ Remuer le tout délicatement dans un bol et servir sur un lit de laitue en feuilles.

Voici une salade légère et rafraîchissante qui est particulièrement riche en vitamine C facilement assimilable.

Pour varier on peut remplacer le jus de citron par du fromage cottage ou du tofu grillé.

Salade tonique

Pour un regain de vitalité

1 rabiole ou navet râpé
2 ou 3 carottes râpées
1 betterave (moyenne) râpée
1 branche de céleri
85 ml (1/3 t.) de fèves de soja rôties, de graines de tournesol ou de germination
30 ml (2 c. à s.) de levure alimentaire
2 échalotes ou une tranche d'oignon espagnol haché finement
1 poignée de persil haché
Un sac d'épinards

4 PORTIONS
PRÉPARATION : 15 MINUTES

- ☙ Mélanger tous les ingrédients à l'exception des épinards.
- ☙ Arroser avec la sauce à salade de votre choix (voir table des matières) ou de l'huile d'olive et du jus de citron.
- ☙ Déposer cette salade sur un nid d'épinards.

Cette excellente composition se déguste en tout temps. Elle peut servir de repas complet. Il suffit d'y ajouter un peu plus de fèves de soja rôties, ou encore de graines de tournesol ou du tofu grillé au tamari.

C'est une salade riche en minéraux, fer, potassium, acide folique et vitamine C. De plus elle privilégie une bonne formule sanguine.

Salade aux trois couleurs

Santé, beauté, régal

4 carottes	
2 betteraves	
500 ml (2 t.) navet	
1 endive	
Feuilles d'épinards	

2 PORTIONS
PRÉPARATION : 10 MINUTES

- Râper les carottes, les betteraves et le navet.
- Détacher les feuilles d'endives à la main.
- Garnir l'assiette avec les épinards et les feuilles d'endives.
- Déposer les légumes râpés en alternant les couleurs.
- Servir avec la sauce à salade au tahini.

Le sommet de la fraîcheur automnale.

Salade verte et avocat
Une salade légère et désaltérante

1 laitue romaine ou en feuilles, déchiquetée

1 concombre coupé en cubes

2 à 3 radis émincés

1 poignée de ciboulette ou 2 échalotes hachées

1 bouquet de persil haché

1 poignée de pois mange-tout hachés
ou de pois verts frais

1 branche de céleri émincée

1 avocat coupé en cubes

4 À 5 PORTIONS
PRÉPARATION : 15 MINUTES

↬ Mélanger tous les ingrédients et les arroser avec la sauce à salade aux fines herbes ou à la française (voir table des matières).

Cette excellente salade se déguste en toute saison.
Elle peut servir de repas complet ; il suffit d'y ajouter
des noix, du tofu, du fromage, ou de la germination.

Les crudités ou les salades sont une source abondante d'enzymes,
de vitamines et de minéraux. Prises au début du repas, elles agissent
comme tonique pour stimuler les fonctions digestives.
C'est très purifiant pour l'ensemble de l'organisme.

Salade verte santé

Vite préparée...

1 laitue au choix, déchiquetée

Ciboulettes ou échalotes hachées

Fleurettes de brocoli, au goût

1 branche de céleri émincée

1/2 concombre coupé en rondelles

ou 1/2 courgette (zucchini) coupée en rondelles

Persil haché

Menthe fraîche hachée

ou basilic frais haché

30 ml (2 c. à s.) d'huile d'olive ou de carthame

Le jus de 1 citron

15 ml (1 c. à s.) de mayonnaise

3 À 4 PORTIONS
PRÉPARATION : 10 MINUTES

Mélanger ensemble tous les ingrédients.

Cette salade passe-partout est très légère.

Les légumes verts sont une importante source de chlorophylle naturelle.

Salade verte au tournesol

Tournez votre assiette vers le soleil !

1 laitue au choix (romaine, boston, en feuilles…)
1 carotte
2 échalotes
250 ml (1 t.) de chou rouge
250 ml (1t.) de champignons
6 radis
Olives noires au goût
30 ml (2 c. à s.) de levure alimentaire
125 ml (1/2 t.) de graines de tournesol

6 PORTIONS
PRÉPARATION : 15 MINUTES

- Déchiqueter la laitue, râper la carotte et hacher tous les autres légumes.
- Mélanger le tout dans un grand bol en ajoutant les graines de tournesol et la levure alimentaire.

Arrosée de vinaigrette passe-partout, cette salade se savoure également avec de la luzerne ou des fèves germées.

Quel délice!

Sauté de tofu

Honneur à la « petite viande végétale »

1 bloc de tofu (450 g ou 16 on.) coupé en cubes
15 ml (1 c. à s.) de graines de sésame (facultatif)
15 ml (1 c. à s.) de gingembre frais, haché ou en poudre
2 gousses d'ail émincées
5 ml (1 c. à thé) de moutarde en poudre
45 ml (3 c. à s.) de tamari
30 ml (2 c. à s.) d'huile d'olive ou autre
5 ml (1 c. à thé) d'huile de sésame ou de noix
Poivre de Cayenne

4 PORTIONS
PRÉPARATION : 5 MINUTES
CUISSON : 8 À 10 MINUTES

↶ Faire dorer le tofu dans un poêlon antiadhésif avec les graines de sésame, le gingembre et l'ail.

↶ Fermer le feu et ajouter le reste des ingrédients.

Voici une recette passe-partout que je congèle.
Lorsque j'en ai besoin, il suffit de quelques minutes pour la décongeler.

Le sauté de tofu connaît un grand succès aussi bien chaud que froid.

Sauces, trempettes et vinaigrettes

Mayonnaise au cari

Facile à réaliser, elle ne contient pas d'œuf

15 ml (1 c. à s.) de vinaigre balsamique
Le jus de 1 citron
1 ml (1/4 c. à thé) de miel ou de sucanat
5 ml (1 c. à thé) de sel de mer aromatique
5 ml (1 c. à thé) de cari
5 ml (1 c. à thé) d'oignons séchés
5 ml (1 c. à thé) de basilic
125 ml (1/2 t.) d'eau
Soupçon de poivre de Cayenne
125 ml (1/2 t.) de poudre de lait
125 ml (1/2 t.) d'huile de tournesol

PRÉPARATION : 5 MINUTES

- Déposer tous les ingrédients, sauf l'huile, dans le mélangeur et battre à grande vitesse pendant 2 minutes.
- Diminuer la vitesse et ajouter l'huile en filet.
- Bien mélanger et verser dans un pot en verre.

N.B : Pour obtenir une mayonnaise nature, il suffit de ne pas ajouter de cari.

Cette mayonnaise sans œuf, facile à préparer,
se conserve environ un mois au réfrigérateur.

Elle peut servir de base à plusieurs sauces à salade
ainsi qu'aux trempettes.

Mayonnaise maison

Une réussite à tout coup

190 ml (3/4 t.) d'eau
65 ml (1/4 t.) de vinaigre de cidre
ou le jus de 2 citrons pressés
1 ml (1/4 c. à thé) de miel
5 ml (1 c. à thé) de sel de mer
15 ml (1 c. à s.) de moutarde sèche
Une pincée de curcuma
5 ml (1 c. à thé) d'oignons séchés
Poivre de Cayenne au goût
250 ml (1 t.) de poudre de lait
315 ml (1 1/4 t.) d'huile de tournesol

PRÉPARATION : 5 MINUTES

- Déposer tous les ingrédients dans le mélangeur sauf l'huile et battre à grande vitesse pendant 2 minutes.
- Diminuer la vitesse du mélangeur et ajouter l'huile en filet.
- Se conserve un mois au réfrigérateur dans un contenant en verre.
- Pour transformer cette mayonnaise en vinaigrette César, ajouter un peu d'eau et deux gousses d'ail pressées.

Excellent pour tartiner sur du pain ou des biscottes.

Mayonnaise nature

Sans produits laitiers

65 ml (1/4 t.) d'eau
125 ml (1/2 t.) d'huile de tournesol
290 gr (10 onces) de tofu mou en crème (vendu en petite boîte)
Le jus de 2 citrons pressés
15 ml (1 c. à s.) de moutarde de Dijon
Sel de mer aromatique, poivre de Cayenne

PRÉPARATION : 5 MINUTES

- Déposer tous les ingrédients dans le mélangeur.
- Brasser à grande vitesse pendant deux minutes.
- Se conserve environ trois jours au réfrigérateur.

Cette mayonnaise peut servir de trempette. Je lui ajoute alors des herbes fraîches, surtout de l'aneth ou du basilic.

Une bonne façon de consommer une mayonnaise sans cholestérol !

« Tofu-mayo »

Un substitut de mayonnaise

225 g (1/2 bloc) de tofu
125 ml (1/2 t.) de boisson de soja
65 ml (1/4 t.) d'huile de tournesol ou autre
1 citron, pelé et épépiné
5 ml (1 c. à thé) de moutarde de Dijon ou plus
Sel de mer aromatique
Poivre de Cayenne

PRÉPARATION : 5 MINUTES

- Déposer tous les ingrédients dans le mélangeur.
- Brasser à grande vitesse pour obtenir une crème onctueuse.

Cette mayonnaise peut servir de trempette. Je lui ajoute des herbes fraîches : de la ciboulette, du fenouil ou de la mélisse et de la coriandre, hachées finement.

Si le mélange est trop épais, ajouter de la boisson de soja ou de l'eau.

N.B : Cette mayonnaise santé est idéale servie avec des légumes verts en salade.

Pour les amateurs de mayonnaise !

Sauce à l'avocat

Riche et onctueuse

1 avocat
2 échalotes
1 lamelle de poivron vert
Feuilles de céleri (au goût)
Le jus de 1 citron pressé
190 ml (3/4 t.) d'eau
Sel de mer aromatique, poivre de Cayenne
Basilic

PRÉPARATION : 5 MINUTES

- Couper l'avocat en deux. Dénoyauter.
- Couper les légumes.
- Déposer tous les ingrédients dans le mélangeur. Battre à grande vitesse. Si trop épais, ajouter un peu plus d'eau.
- Se conserve 48 heures au réfrigérateur.

Une sauce riche et onctueuse qui rehausse la saveur des légumes frais.

L'avocat, un gras non saturé, remplace avantageusement le beurre ou la margarine. Il est riche en huile, en protéines, vitamines et minéraux. Consommé en petite quantité, il protège les artères et, à ce titre, améliore le cholestérol sanguin.

Sauce à l'avocat et à la pomme verte

Un bouquet au parfum de fraîcheur naturelle

1 avocat
1 pomme verte
1 à 2 gousses d'ail
125 ml (1/2 t.) d'eau
1/2 citron pelé et épépiné

PRÉPARATION : 5 MINUTES

- Peler et dénoyauter l'avocat
- Laver et couper la pomme verte en petits cubes.
- Mettre tous les ingrédients au mélangeur et réduire en crème. Réfrigérer.
- Elle se conserve deux jours au réfrigérateur.

Variante : remplacer la pomme verte par deux kiwis.

Sauce à la Bragg

Tout un délice et tellement simple

125 ml (1/2 t.) d'huile de carthame
5 ml (1 c. à thé) d'huile de sésame grillé
45 ml (3 c. à s.) de sauce Bragg*
Le jus de 1/2 citron
1 gousse d'ail pressée
Poivre de Cayenne au goût

PRÉPARATION : 5 MINUTES

- Mélanger tous les ingrédients au mélangeur.
- Cette sauce se conserve trois semaines au réfrigérateur.

En plus de ne pas être fermentée, la sauce Bragg, qui peut remplacer le tamari dans vos recettes, est une sauce sans sel, de haute qualité et au goût agréable.

*Vendue dans les magasins de produits naturels.

Sauce aux fines herbes

Un véritable délice !

65 ml (1/4 t.) d'huile de tournesol
125 ml (1/2 t.) de yogourt au soja ou autre yogourt
85 ml (1/3 t.) d'eau
125 ml (1/2 t.) de boisson de soja
Le jus de 1 citron
1 poignée de persil
Ciboulette, au goût
Basilic frais ou séché, au goût
2 à 3 feuilles de menthe fraîche
Sel de mer aromatique
Poivre de Cayenne

PRÉPARATION : 5 MINUTES

- Verser tous les ingrédients dans le mélangeur et bien brasser.
- Se conserve environ trois jours au réfrigérateur.

Un cadeau de la nature, un arôme et un goût délectables.

Pour en faire une trempette, remplacer l'eau par 5 ml (1 c. à thé) de moutarde de Dijon ou de vinaigre balsamique.

Sauce à la française

C'est toujours un succès

175 ml (2/3 t.) d'huile de tournesol ou autre
65 ml (1/4 t.) de sauce aux tomates sans sucre
1 ou 2 gousses d'ail
5 ml (1 c. à thé) de paprika
1 citron pelé, coupé et épépiné
1/2 branche de céleri
1 rondelle d'oignon
250 ml (1 t.) d'eau
Sel de mer aromatique
Poivre de Cayenne

PRÉPARATION : 5 MINUTES

- Mettre tous les ingrédients dans le mélangeur. Brasser à grande vitesse.
- Se conserve une semaine au réfrigérateur.

Pour une sauce à salade plus douce, on peut remplacer la sauce aux tomates par du jus de carotte. Dans ce cas, la conservation sera d'une journée maximum au réfrigérateur.

Si vous aimez les fines herbes, ajoutez-en à votre goût.

Sauce au gingembre et à la ciboulette

Douce et antifatigue

---

15 ml (1 c. à s.) de gingembre frais, râpé

---

65 ml (1/4 t.) de ciboulette fraîche, hachée
ou 2 échalotes

---

85 ml (1/3 t.) d'huile de carthame ou de tournesol

---

85 ml (1/3 t.) d'huile d'olive

---

125 ml (1/2 t.) d'eau

---

30 ml (2 c. à s.) de tahini (beurre de sésame)

---

5 ml (1 c. à thé) d'umeboshi (prunes salées
vendues dans les magasins de produits naturels)

---

45 ml (3 c. à s.) de tamari

---

30 ml (2 c. à s.) de persil

Poivre de Cayenne

PRÉPARATION : 5 MINUTES

↩ Passer tous les ingrédients au mélangeur.

*Cette sauce assaisonne bien tous les légumes crus ou cuits.
Elle est également excellente dans les salades.*

*C'est une sauce à salade tonifiante et riche en minéraux. La prune salée
(umeboshi), en plus de rehausser la saveur, aide notre formule sanguine à
combattre l'acidité et convient bien aux personnes
qui se sentent souvent fatiguées.*

Sauce au gingembre et citron

Une sauce douce et désaltérante

85 ml (1/3 t.) d'huile de tournesol ou autre
125 ml (1/2 t.) de yogourt de soja ou autre yogourt
65 ml (1/4 t.) de boisson de soja ou de lait
65 ml (1/4 t.) d'eau
1/2 citron, pelé, coupé et épépiné
1 à 2 gousses d'ail
5 ml (1 c. à thé) de gingembre râpé ou plus
Sel de mer aromatique
Poivre de Cayenne

PRÉPARATION : 5 MINUTES

- Verser le tout dans le mélangeur. Brasser.
- Se conserve 3 à 4 jours au réfrigérateur.

*Cette sauce est vraiment exquise servie
sur des légumes cuits à basse température.*

*N.B : Il est important, dans les sauces à salades ou les trempettes,
d'utiliser des huiles de première pression à froid ;
elles augmentent nos bons gras et aident à éliminer les mauvais.*

Sauce à l'huile

Simple comme bonjour !

---

125 ml (1/2 t.) d'huile de carthame ou d'olive

85 ml (1/3 t.) d'eau

65 ml (1/4 t.) de sauce tamari

Poivre de Cayenne

5 ml (1 c. à thé) de basilic

1 gousse d'ail pressée ou ciboulette au goût

PRÉPARATION : 5 MINUTES

- Préparer quelques heures à l'avance.
- Bien mélanger tous les ingrédients.
- Se conserve trois semaines au réfrigérateur.

*Excellente et rapide à préparer, elle dépanne favorablement
sur toutes les salades.*

Sauce à la moutarde de Dijon et coriandre

Légèrement acidulée

125 ml (1/2 t.) d'huile de tournesol ou autre
15 ml (1 c. à s.) d'huile de noix ou de sésame (facultatif)
15 ml (1 c. à s.) de moutarde de Dijon ou au goût
30 ml (2 c. à s.) d'oignons séchés
15 ml (1 c. à s.) de légumes séchés
85 ml (1/3 t.) d'eau
Sel de mer aromatique
Poivre de Cayenne
Quelques feuilles de coriandre fraîche ou moulue, au goût

PRÉPARATION : 5 MINUTES

- Mettre tous les ingrédients dans le mélangeur.
- Brasser à grande vitesse pendant deux minutes.
- Se conserve une semaine au réfrigérateur.

Cette sauce est vraiment surprenante. Elle assaisonne bien toutes les salades vertes, les légumes et le poisson. Essayez-la sur des épinards !...

Sauce onctueuse au tamari

Une sauce antiacide passe-partout

125 ml (1/2 t.) d'huile d'olive
30 ml (2 c. à s.) d'huile de noix ou de sésame
1 à 2 gousses d'ail
45 ml (3 c. à s.) de tamari
Un soupçon de poivre de Cayenne
15 ml (1 c. à s.) de levure alimentaire (facultatif)

PRÉPARATION : 5 MINUTES

- Verser le tout dans le mélangeur. Brasser.
- Se conserve au réfrigérateur trois semaines.

Cette sauce à salade est meilleure lorsqu'on la prépare quelques heures ou une journée à l'avance.

Elle accompagne bien les salades, les légumes crus, ou cuits, les pâtes alimentaires, les soupes, les céréales à grains entiers comme le riz, le kamut, l'épeautre, etc.

On peut aussi badigeonner sur du pain pour remplacer le beurre. C'est vraiment délicieux !

Sauce piquante

D'un goût riche

125 ml (1/2 t.) d'huile de carthame
30 ml (2 c. à s.) de tamari ou plus
2 gousses d'ail
Le jus de 1 citron
1 ml (1/4 c. à thé) de miel (facultatif)
15 ml (1 c. à s.) de moutarde
5 ml (1 c. à thé) d'oignon séché
5 ml (1 c. à thé) d'origan
Pincée de thym
Poivre de Cayenne

PRÉPARATION : 5 MINUTES

- Mettre tous les ingrédients dans le mélangeur et bien brasser.
- Se conserve une semaine au réfrigérateur.

Cette sauce est vraiment surprenante.
Elle assaisonne bien toutes les salades et les légumes.

À essayer sur une salade de tomates.

Sauce provençale

Aimée de tous

65 ml (1/4 t.) d'huile de tournesol ou de carthame
125 ml (1/2 t.) d'eau
65 ml (1/4 t.) de sauce tomate (sans sucre)
85 ml (1/3 t.) de mayonnaise nature
Le jus de 1 citron
1 rondelle d'oignon espagnol
6 olives noires dénoyautées
Persil (au goût)
Sel de mer aromatique
Poivre de Cayenne

PRÉPARATION : 5 MINUTES

- Mettre tous les ingrédients dans le mélangeur et bien brasser.
- Se conserve une semaine au réfrigérateur.

C'est un véritable délice ! J'emploie aussi cette sauce en trempette.
Pour une consistance plus crémeuse,
diminuer légèrement la quantité d'eau.

Sauce rosée

Un p'tit goût de « revenez-y » !

125 ml (1/2 t.) de sauce aux tomates (non sucrée) en conserve
125 ml (1/2 t.) d'huile de tournesol ou autre
30 ml (2 c. à s.) de mayonnaise
2 ml (1/2 c. à thé) de miel ou de sucanat
15 ml (1 c. à s.) de vinaigre balsamique
15 ml (1 c. à s.) de moutarde de Dijon
30 ml (2 c. à s.) d'oignons séchés
30 ml (2 c. à s.) de tamari
5 ml (1 c. à thé) d'origan
Poivre de Cayenne au goût

PRÉPARATION : 5 MINUTES

- Verser tous les ingrédients dans le mélangeur puis brasser.
- Se conserve deux semaines au réfrigérateur.

Une délicieuse sauce à la fois sucrée et piquante.

Rehausse le goût des salades et des croquettes.
Pour ces dernières, les badigeonner de sauce rosée avant de les faire cuire.

Sauce au soja

Un goût qui plaît à tous !

15 ml (1 c. à s.) d'huile de sésame
250 ml (1 t.) d'huile de soja
65 ml (1/4 t.) de tamari
Le jus de 1/2 citron
2 gousses d'ail
Poivre de Cayenne

PRÉPARATION : 5 MINUTES

- Mettre tous les ingrédients dans le mélangeur et bien brasser.
- Se conserve trois semaines au réfrigérateur.

J'en raffole… Vite faite et d'un goût raffiné, elle assaisonne bien tous les légumes crus ou cuits, les salades vertes, les pommes de terre rôties, les salades chinoises et les pâtes alimentaires.

Sauce au tahini

Appréciée de tous

125 ml (1/2 t.) de tahini (beurre de sésame)
125 ml (1/2 t.) d'eau
65 ml (1/4 t.) de sauce tamari
15 ml (1 c. à s.) de gingembre frais râpé
2 gousses d'ail
Poivre de Cayenne au goût

PRÉPARATION : 5 MINUTES

- Mettre tous les ingrédients dans le mélangeur.
- Brasser et réfrigérer.
- Se conserve trois semaines.

Exquise et facile à réaliser

Sauce au tofu et au sésame

Très haute valeur nutritive

125 ml (1/2 t.) de tofu crémeux (vendu en petite boîte)

65 ml (1/4 t.) d'huile d'olive

65 ml (1/4 t.) d'huile de carthame ou de tournesol

15 ml (1 c. à s.) d'huile de sésame

30 ml (2 c. à s.) de tahini (beurre de sésame)

65 ml (1/4 t.) d'eau

Le jus de 1/2 citron

5 ml (1 c. à thé) de prunes salées (umeboshi)

30 ml (2 c. à s.) d'oignons séchés

Sel de mer aromatique

Poivre de Cayenne

PRÉPARATION : 5 MINUTES

&- Passer tous les ingrédients au mélangeur.

*Cette sauce à salade, servie sur les légumes crus ou cuits,
est un véritable tonique pour le foie.*

*Riche en calcium, elle favorise la digestion
et a une action légèrement laxative.*

Sauce aux tomates fraîches

Pour les amateurs de sensations fortes

85 ml (1/3 t.) d'huile de tournesol ou d'olive
2 petites tomates ou encore 1 seule grosse
65 ml (1/4 t.) de ketchup aux tomates (naturel)
2 gousses d'ail
15 ml (1 c. à s.) de basilic
15 ml (1 c. à s.) d'origan ou d'estragon
Poivre de Cayenne
Sel de mer aromatique

PRÉPARATION : 5 MINUTES

- Verser tous les ingrédients dans le mélangeur. Brasser et servir.
- Se conserve 24 heures au réfrigérateur.

Pour un goût plus doux, réduire la quantité de ketchup et de poivre de Cayenne.

Sauce au yogourt et concombre

Vraiment exquise !

250 ml (1 t.) de yogourt de soja ou autre
1/2 concombre anglais
1 ou 2 gousses d'ail
30 ml (2 c. à s.) d'huile d'olive ou autre
15 ml (1 c. à s.) de basilic
Poignée de persil
Sel de mer aromatique
Poivre de Cayenne

PRÉPARATION : 5 MINUTES

- Mettre tous les ingrédients dans le mélangeur. Brasser à grande vitesse.
- Se conserve une semaine au réfrigérateur.

À essayer absolument.
Le mariage du yogourt et du concombre est sublime !

Cette sauce à salade convient bien aux personnes qui font de l'acidité ou tout genre d'inflammation. De plus elle est très efficace pour les désordres de santé se terminant en « ite ».
(Ex : arthrite, vaginite, gastrite, etc.)

Sauce au yogourt de soja

Délectable, nutritive et crémeuse à souhait !

175 ml (2/3 t.) de yogourt de soja ou autre yogourt

15 ml (1 c. à s.) d'huile de noix (facultatif)

65 ml (1/4 t.) d'huile de tournesol

5 ml (1 c. à thé) de basilic

65 ml (1/4 t.) de boisson de soja ou de lait

Sel de mer aromatique

Poivre de Cayenne

2 feuilles de laurier (bien lavées)

PRÉPARATION : 5 MINUTES

- Verser tous les ingrédients dans le mélangeur, sauf les feuilles de laurier. Brasser.
- Verser dans un petit bol, y ajouter les feuilles de laurier et mélanger. Laisser reposer une journée pour accentuer la saveur.

Cette sauce peut servir de trempette. Il suffit de diminuer le liquide pour obtenir une sauce crémeuse.

On peut aussi ajouter des oignons et de l'ail selon ses préférences.

Trempette à l'avocat

Bonne et onctueuse !

1 avocat
2 échalotes ou de la ciboulette
Aneth, au goût
Le jus de 1/2 citron ou
15 ml (1 c. à s.) de mayonnaise naturelle
175 ml (2/3 t.) d'eau ou de jus de concombre et céleri
Sel de mer aromatique
Poivre de Cayenne

PRÉPARATION : 5 MINUTES

- Couper l'avocat en deux, le peler et le dénoyauter.
- Couper les légumes.
- Déposer tous les ingrédients dans le mélangeur.
- Brasser à grande vitesse.
- Se conserve 24 heures au réfrigérateur.

L'avocat remplace avantageusement le beurre ou la margarine.
Il est riche en huile, protéines, vitamines et minéraux.

L'aneth est antispasmodique et est un stimulant pour la digestion.
Il a un effet diurétique et est riche en potassium et en calcium.
En tisane, l'aneth est délicieux et curatif.

Trempette cajun

Une trempette qui se distingue

125 ml (1/2 t.) de mayonnaise au cari
(voir table des matières) ou autre

85 ml (1/3 t.) de ketchup aux tomates naturel ou autre

1/2 oignon haché finement

1/2 poivron vert haché finement

5 ml (1 c. à thé) d'estragon

Sel de mer aromatique

Une pincée de poivre de Cayenne

PRÉPARATION : 8 MINUTES

- Mélanger tous les ingrédients dans un petit bol et réfrigérer de préférence quelques heures avant de servir.
- Se conserve cinq jours au réfrigérateur.

Combien savoureuse cette petite trempette au goût piquant !

Trempette à la crème sûre

Prête en un clin d'œil !

250 ml (1 t.) de crème sûre

65 ml (1/4 t.) d'oignons séchés broyés ou en poudre

15 ml (1 c. à s.) de poudre d'ail
ou 2 à 3 gousses d'ail pressées

30 ml (2 c. à s.) d'estragon ou de basilic

Sel de mer aromatique

Poivre de Cayenne au goût

PRÉPARATION : 3 MINUTES

↬ Verser tous les ingrédients dans un petit bol et bien mélanger.

↬ Se conserve quatre à cinq jours au réfrigérateur.

Une trempette délicieuse qui accompagne agréablement les croustilles ou les crudités.

Trempette à la fève rouge et à l'avocat

Une révélation de saveurs agréables

250 ml (1 t.) de fèves rouge (rognons)
cuites et égouttées

1/2 avocat coupé en morceaux

1/2 branche de céleri avec les feuilles

1/2 poivron vert ou rouge coupé en deux

1/2 oignon coupé en deux

30 ml (2 c. à s.) de tamari

Le jus de 1/2 citron

175 ml (2/3 t.) de sauce aux tomates ou 85 ml (1/3 t.)
de ketchup aux tomates (naturel) ou autre

2 ml (1/2 c. à thé) de cumin ou de cari

15 ml (1 c. à s.) de basilic

Sel de mer aromatique (facultatif)

Poivre de Cayenne au goût

PRÉPARATION : 10 MINUTES

- Mettre tous les ingrédients au robot culinaire ou au mélangeur.
- Brasser juste assez pour réduire en crème.
- Se conserve deux jours au réfrigérateur.

*Cette trempette se tartine bien sur du pain grillé,
des craquelins ou des canapés.*

*Elle peut aussi être servie avec des croustilles
ou en entrée avec des légumes crus ou grillés.*

Trempette à l'oignon

Cette trempette rehausse agréablement nos bons légumes

190 ml (3/4 t.) de tofu crémeux (vendu en petite boîte)
85 ml (1/3 t.) de « Tofu-mayo » (voir table des matières) ou autre
65 ml (1/4 t.) d'oignons séchés
1 échalote
Le jus de 1/2 citron
15 ml (1 c. à s.) de moutarde en poudre
5 ml (1 c. à thé) de basilic
Sel de mer aromatique
Poivre de Cayenne
65 ml (1/4 t.) d'oignon frais, haché finement

PRÉPARATION : 5 MINUTES

- Déposer tous les ingrédients dans le mélangeur à l'exception des 65 ml (1/4 t.) d'oignon frais haché finement.
- Brasser à grande vitesse.
- Retirer du mélangeur et ajouter les oignons hachés.

Si, comme moi, vous aimez les oignons,
cette trempette vous plaira à coup sûr.

Je m'en sers avec les entrées, les canapés,
les croustilles, les légumes crus ou cuits…

Trempette à la relish

Délicieuse avec des légumes ou des croustilles

250 ml (1 t.) de mayonnaise au cari
(voir table des matières) ou autre

45 ml (3 c. à s.) de relish naturelle ou autre

1/2 oignon haché finement

30 ml (2 c. à s.) de persil frais ou séché

Sel de mer aromatique

Poivre de Cayenne au goût

PRÉPARATION : 3 MINUTES

- Mélanger tous les ingrédients et réfrigérer.
- Se conserve une semaine au réfrigérateur.

Excellente trempette pour les croquettes, végé-burgers
ou encore avec vos amuse-gueule préférés.

Trempette au tahini (beurre de sésame)

Riche en calcium

65 ml (1/4 t.) de tahini
30 ml (2 c à s.) de tamari ou Bragg
Le jus de 1/2 citron
65 ml (1/4 t.) d'huile d'olive ou de tournesol
Poivre de Cayenne
Persil ou fines herbes au goût

PRÉPARATION : 5 MINUTES

- Mettre le tahini dans un bol et incorporer les autres ingrédients. Bien mélanger.
- Se conserve trois semaines au réfrigérateur.

Le tahini est une excellente source de calcium, facilement assimilable.

N.B : En ajoutant un peu d'eau, cette trempette se transforme en une exquise sauce à salade.

Trempette au tofu et cari

Essayez cette délicieuse trempette !

225 g (1/2 bloc) de tofu
2 ml (1/2 c. à thé) de cari au goût
1 échalote ou ciboulette
15 ml (1 c. à s.) de légumes séchés
1 poignée de persil
1/2 branche de céleri
30 ml (2 c. à s.) de mayonnaise maison ou naturelle
1 citron, pelé, coupé et épépiné
175 ml (2/3 t.) de boisson de soja ou de lait
Sel de mer aromatique
Poivre de Cayenne ou gingembre râpé, au choix

PRÉPARATION : 10 MINUTES

- Déposer le tout au mélangeur et brasser à grande vitesse jusqu'à l'obtention d'une consistance crémeuse.

Cette trempette est délicieuse sur des craquelins ou sur du pain pita,
avec une généreuse portion de salade verte.
C'est un complément sain et nourrissant.

N.B : On peut remplacer le cari par du curcuma.

Trempette au tofu ou au fromage cottage

Vraiment délicieuse et énergétique

250 ml (1 t.) de tofu soyeux ferme (vendu en petite boîte) ou de fromage cottage

30 ml (2 c. à s.) de prunes salées (Umeboshi) vendues dans les magasins de produits naturels

125 ml (1/2 t.) de mayonnaise naturelle ou autre

Le jus de 1/2 citron

30 ml (2 c. à s.) de ketchup aux tomates naturel

5 ml (1 c. à thé) de basilic

5 ml (1 c. à thé) d'estragon

5 ml (1 c. à thé) de cumin

2 ml (1/2 c. à thé) de graines de céleri ou 1/2 branche de céleri hachée

Poivre de Cayenne

PRÉPARATION : 5 MINUTES

Mettre tous les ingrédients au robot culinaire ou au mélangeur et réduire en crème.

Très surprenante, cette trempette fait fureur que ce soit sur des crudités, des croustilles ou des légumes grillés.

Tous en raffolent !

Trempette de tofu, persil et prunes salées

Vite faite et délicieuse

125 ml (1/2 t.) de tofu crémeux (vendu en petite boîte)
65 ml (1/4 t.) de persil haché
65 ml (1/4 t.) de mayonnaise au tofu ou autre
30 ml (2 c. à s.) de tahini (beurre de sésame)
15 ml (1 c. à s.) de prunes salées (umeboshi)
1 échalote
Poivre de Cayenne

PRÉPARATION : 5 MINUTES

- Déposer tous les ingrédients dans le mélangeur et brasser à grande vitesse.
- Variante : Pour un goût différent, ajouter 2 ml (1/2 c. à thé) de moutarde de Dijon.

Quand on aime apprivoiser de nouvelles saveurs !

C'est un mélange que j'apprécie beaucoup lorsque je me sens fatiguée ou encore lorsque j'ai un travail plus intense à accomplir.

Trempette au tofu et au tahini

Un goût exquis

375 ml (1 1/2 t.) de tofu soyeux ferme (vendu en petite boîte)

65 ml (1/4 t.) de tahini (beurre de sésame)

30 ml (2 c. à s.) de sauce tamari

15 ml (1 c. à s.) de vinaigre balsamique

65 ml (1/4 t.) de persil haché frais ou séché

1 à 2 gousses d'ail pressées

Sel de mer aromatique (facultatif)

Poivre de Cayenne

PRÉPARATION : 5 MINUTES

- Mettre tous les ingrédients dans le mélangeur et bien fouetter. Réfrigérer.
- Se conserve cinq jours.

Riche en protéines, cette trempette est délicieuse avec des crudités ou sur des légumes grillés.

Vinaigrette

Délicieuse !

250 ml (1 t.) de mayonnaise maison
65 ml (1/4 t.) d'eau
Le jus de 1/2 citron
3 gousses d'ail
15 ml (1 c. à s.) de moutarde naturelle
65 ml (1/4 t.) de tofu (facultatif)
5 ml (1 c. à thé) de basilic
Sel de mer et poivre de Cayenne

PRÉPARATION : 5 MINUTES

- Déposer tous les ingrédients dans le mélangeur, bien brasser, réfrigérer.
- Incorporer à la salade au moment de servir.

Vinaigrette César

C'est bon, bon, bon !

125 ml (1/2 t.) d'eau
125 ml (1/2 t.) d'huile de tournesol
Le jus de 1 citron
125 ml (1/2 t.) de tofu mou en crème (vendu en petite boîte)
5 ml (1 c. à thé) de moutarde de Dijon
2 gousses d'ail ou plus
Fines herbes (au goût)
Sel de mer aromatique et poivre de Cayenne

PRÉPARATION : 5 MINUTES

- Verser tous les ingrédients dans le mélangeur. Brasser à grande vitesse.
- Se conserve une semaine au réfrigérateur.

Le tofu peut être remplacé par du yogourt nature.

En supprimant le tofu ou le yogourt on obtient une vinaigrette très légère.

Vinaigrette douce

D'un goût plus neutre

125 ml (1/2 t.) d'huile de carthame ou d'olive
85 ml (1/3 t.) d'eau
2 gousses d'ail
15 ml (1 c. à s.) de gingembre râpé
Sel de mer aromatique, poivre de Cayenne (au goût)
Estragon (au goût) ou fines herbes

PRÉPARATION : 5 MINUTES

- Verser le tout dans le mélangeur. Brasser.
- Se conserve trois semaines au réfrigérateur.

*Cette vinaigrette se marie très bien avec toutes les laitues
et autres légumes crus.*

Servie sur des légumes cuits à la vapeur, elle est excellente.

Vinaigrette à la française

Tellement savoureuse !

85 ml (1/3 t.) de « Tofu-mayo »
(voir table des matières) ou autre

250 ml (1 t.) de sauce aux tomates sans sucre
(en conserve)

Le jus de 1/2 citron

30 ml (2 c. à s.) de jus de pomme congelé ou d'ananas

15 ml (1 c. à s.) de tamari

5 ml (1 c. à thé) de moutarde de Dijon

2 ml (1/2 c. à thé) de graines de céleri

5 ml (1 c. à thé) de paprika

1 gousse d'ail

Sel de mer aromatique

125 ml (1/2 t.) d'huile de soja ou autre

PRÉPARATION : 5 MINUTES

↬ Passer tous les ingrédients au mélangeur.

↬ Se conserve une semaine au réfrigérateur.

« DÉ-LEC-TA-BLE »
Une excellente variante de vinaigrette à salade.

Complète bien les salades vertes, d'épinards, de chou…

Vinaigrette grande-forme

Qui a du corps !

125 ml (1/2 t.) de boisson de soja
125 ml (1/2 t.) d'huile de soja
250 ml (1 t.) de tofu crémeux (vendu en petite boîte)
Le jus de 1 citron
5 ml (1 c. à thé) de moutarde de Dijon
5 ml (1 c. à thé) de prunes salées (umeboshi)
5 ml (1 c. à thé) de tahini (beurre de sésame)
2 gousses d'ail
Fines herbes (au goût)
Sel de mer aromatique
Poivre de Cayenne

PRÉPARATION : 5 MINUTES

- Verser tous les ingrédients dans le mélangeur et brasser à grande vitesse.
- Se conserve une semaine au réfrigérateur.

Un petit goût de revenez-y !

Des valeurs nutritives importantes qui complètent bien tous les genres de salades.

Vinaigrette à l'italienne

Traditionnelle et de première qualité

250 ml (1 t.) d'huile de soja ou autre
Le jus de 1/2 citron ou plus
5 ml (1 c. à thé) de moutarde sèche
5 ml (1 c. à thé) de miel (facultatif)
30 ml (2 c. à s.) d'oignons séchés
2 gousses d'ail
2 ml (1/2 c. à thé) de paprika
Pincée de thym
Pincée d'origan
Sel de mer aromatique
Poivre de Cayenne

PRÉPARATION : 5 MINUTES

☙ Passer tous les ingrédients au mélangeur.

Une vinaigrette vraiment surprenante.
Elle assaisonne aussi bien les légumes en marinade que les salades...

Vinaigette à la moutarde de Dijon

Un goût piquant et savoureux, tout simplement délectable

175 ml (2/3 t.) d'huile de carthame ou autre

30 ml (2 c. à s.) de moutarde de Dijon

45 ml (3 c. à s.) de sauce tamari

2 ml (1/2 c. à thé) de miel ou de sucanat

2 à 3 gousses d'ail pressées

Une pincée de poivre de Cayenne

PRÉPARATION : 5 MINUTES

- Bien mélanger tous les ingrédients dans un petit bol ou dans le mélangeur.
- Laisser reposer le mélange quelques heures avant de servir.
- Se conserve trois semaines au réfrigérateur.

Vraiment délicieuse.

Rapide à préparer, cette vinaigrette agrémente bien toutes les salades.

Vinaigrette « passe-partout »

Un petit goût piquant

250 ml (1 t.) d'huile de carthame ou autre
Le jus de 1 citron
30 ml (2 c. à s.) de sauce tamari
1 ml (1/4 c. à thé) de miel
2 gousses d'ail pressées
Fines herbes et poivre de Cayenne au goût

PRÉPARATION : 5 MINUTES

- Bien mélanger tous les ingrédients.
- Se conserve trois semaines au réfrigérateur.

Se marie bien avec toutes les laitues et autres légumes.

Savoureuse !

Vinaigrette santé

J'apprécie ses bienfaits

250 ml (1 t.) d'huile d'olive
65 ml (1/4 t.) d'eau
15 ml (1 c. à s.) de levure alimentaire
Le jus de 1/2 citron
1 ml (1/4 c. à thé) de curcuma ou de moutarde sèche
Sel de mer aromatique et poivre de Cayenne au goût
Ciboulette ou persil haché

PRÉPARATION : 5 MINUTES

- Bien mélanger dans un bol et réfrigérer.
- Se conserve trois semaines au réfrigérateur.

Cette vinaigrette, très digestible, est ma préférée.

Salades de fruits

Salade de fruits aux abricots

Une combinaison de fruits doux

8 abricots frais
6 prunes jaunes
2 bananes
1 mangue
125 ml (1/2 t.) de noix d'acajou
250 ml (1 t.) de jus d'abricot non sucré ou au choix

4 PORTIONS
PRÉPARATION : 7 MINUTES

- Laver les abricots et les prunes.
- Les dénoyauter et les couper en cubes.
- Peler les bananes et la mangue et les couper en cubes.
- Mélanger les fruits et ajouter le jus d'abricot ou tout autre jus au goût.

Une grande satisfaction à tous les points de vue.

N.B : Les abricots peuvent être remplacés par 4 (ou moins) pommes jaunes Délicieuse.

Salade de fruits acides

Les fruits acides sont désaltérants

2 à 3 tranches d'ananas (bien mûres)
1 kiwi ou 1 orange
1/2 pamplemousse
1 petite poignée de canneberges fraîches ou congelées
65 ml (1/4 t.) de jus d'ananas, de pomme ou d'eau

1 PORTION
PRÉPARATION : 15 MINUTES

- Tremper les canneberges dans l'eau bouillante 10 minutes pour les décongeler et 5 minutes si elles sont fraîches.
- Peler et couper les fruits en cubes.
- Mélanger le tout.

Les fruits acides se consomment surtout durant la saison chaude.
Ils sont bénéfiques pour notre organisme.
Ils ont un effet astringent (désinfectant) et sont excellents pour le tube digestif de par leur grande richesse en enzymes.

N.B : Il est possible de consommer des protéines de votre choix une heure après ce déjeuner santé.

Salade de fruits aux agrumes

Du soleil dans votre assiette

2 oranges
1 kiwi
500 ml (2 t.) d'ananas en cubes
250 ml (1 t.) de fraises fraîches
1 pamplemousse rose

2 PORTIONS
PRÉPARATION : 7 MINUTES

- Peler et couper les fruits en cubes ou en lamelles.
- Mélanger et savourer frais.

Consommés le matin, les fruits acides ont un effet bienfaisant pour le tube digestif.

Salade de fruits doux

Réconfortante durant la saison hivernale

1 mangue ou 1 banane, coupée en tranches
1 papaye ou des figues fraîches, coupées (facultatif)
1 pomme rouge ou jaune, évidée et coupée en cubes
4 à 5 pruneaux (à faire tremper, de préférence, au cours de la nuit précédente)
3 à 4 abricots séchés (à faire tremper, de préférence au cours de la nuit précédente)
85 ml (1/3 t.) de jus de pomme ou autre, au choix.

1 PORTION
PRÉPARATION : 10 MINUTES

ᴗ Mélanger délicatement tous les ingrédients.

Variante : remplacer les pruneaux par des raisins secs ou des dattes.

Très énergétique, c'est un bon moyen pour se sentir mieux et se réchauffer durant la saison hivernale.

Pour les enfants, les adolescents et toutes les personnes travaillant fort physiquement, vous pouvez ajouter des protéines, telles que noix, graines, yogourt, fromage cottage, etc.

Il est toujours préférable de manger les fruits d'abord et d'attendre une heure pour ingérer les protéines.

En cas de fermentation, remplacer les protéines par une céréale du matin.

Salade de fruits estivale

J'en profite au maximum en saison chaude

500 ml (2 t.) de bleuets frais

500 ml (2 t.) de framboises fraîches

2 pêches

500 ml (2 t.) de raisins verts

5 prunes rouges ou bleues

250 ml (1 t.) de sirop de pomme
(voir table des matières)

10 cerises fraîches

4 PORTIONS
PRÉPARATION : 7 MINUTES

- Laver tous les fruits.
- Couper les pêches et les prunes en cubes.
- Mélanger tous les fruits, sauf les cerises, avec le sirop de pomme.
- Décorer avec les cerises.

Le sirop de pomme peut être remplacé par un jus de pomme non sucré.

J'apprécie l'été pour l'abondance des légumes et des fruits frais.

Salade de fruits exotiques

Un petit goût ensoleillé

2 pêches
2 pommes
1 banane
6 dattes Medjol ou autres, dénoyautées
4 abricots frais ou séchés
1 grappe de raisins
1 mangue pelée
85 ml (1/3 t.) de noix de coco
85 ml (1/3 t.) de noix de pacane

4 À 6 PORTIONS
PRÉPARATION : 10 MINUTES

- Couper les fruits et mélanger délicatement tous les ingrédients.
- Ajouter, si désiré, 85 ml (1/3 t.) de jus de pomme ou un peu d'eau.

On s'en régale !

Salade de fruits et fromage cottage ou yogourt

Une légère douceur matinale

1 orange pelée
1 kiwi
1 grappe de raisins
1 nectarine ou 1 pêche
1 prune
1 pomme
125 ml (1/2 t.) de fromage cottage, de yogourt écrémé, ou de yogourt de soja

2 PORTIONS
PRÉPARATION : 10 MINUTES

- Laver puis couper les fruits en petits morceaux.
- Mélanger doucement.
- Verser dans une assiette et déposer au centre le fromage cottage ou le yogourt écrémé.

Quel délicieux mélange !

Salade de fruits d'hiver

Énergétique durant les froids d'hiver

1 pomme rouge ou jaune Délicieuse, coupée en cubes
1 banane coupée en tranches
3 dattes Medjol dénoyautées et coupées
1 grappe de raisins (coupés en deux)
65 ml (1/4 t.) de raisins secs (faire tremper de préférence au cours de la nuit précédente)
1 mangue pelée et coupée en morceaux
65 ml (1/4 t.) de jus de pomme ou d'eau

2 PORTIONS
PRÉPARATION : 10 MINUTES

- Mélanger délicatement tous les ingrédients.
- Ajouter le jus de pomme ou l'eau (facultatif).

Le trempage a pour but de permettre une meilleure assimilation des fruits séchés. Ils produisent ainsi un sucre moins concentré.

Cette salade est très énergétique.
C'est un bon moyen de combattre le froid.

Salade de fruits aux parfums d'été

Tout un délice en saison et tellement colorée

250 ml (1 t.) de framboises

250 ml (1 t.) de bleuets

250 ml (1 t.) de fraises coupées en deux

250 ml (1 t.) de cerises fraîches dénoyautées
ou de cerises de terre

125 ml (1 /2 t.) de jus de pomme non sucré

2 PORTIONS
PRÉPARATION : 5 MINUTES

Laver tous les fruits, ajouter le jus de pommes et remuer délicatement.

Tonique d'été.

Salade de fruits séchés

Cette recette m'a grandement aidée à me sevrer du sucre

250 ml (1 t.) de raisins secs
125 ml (1/2 t.) de pruneaux dénoyautés
250 ml (1 t.) d'abricots séchés
250 ml (1 t.) de pommes séchées
85 ml (1/3 t.) de dattes dénoyautées
125 ml (1/2 t.) de pacanes
65 ml (1/4 t.) de graines de tournesol

6 À 8 PORTIONS
PRÉPARATION : 5 MINUTES
TREMPAGE : 4 HEURES

- Laver et faire tremper les fruits secs environ 4 heures.
- Jeter l'eau de trempage.
- Mélanger tous les fruits en ajoutant les pacanes et les graines de tournesol et servir.

Le trempage des fruits séchés a pour but de déconcentrer le sucre et de permettre une meilleure assimilation.

Salade de fruits semi-acides

Délectable en saison

3 abricots frais coupés en lamelles
1 poire coupée en lamelles
Bleuets frais, au goût
Cerises ou framboises, au goût
85 ml (1/3 t.) de jus de pomme ou autre au choix

1 PORTION
PRÉPARATION : 5 MINUTES

↝ Mélanger délicatement tous les ingrédients.

Cette salade est tonifiante, énergétique et nutritive.

*Durant la matinée, on peut manger d'autres fruits,
des noix ou du yogourt, une heure après la salade de fruits.*

*N.B : Prendre les protéines une heure après les fruits
plutôt qu'en même temps empêche la fermentation.*

Salade de fruits aux trois melons

Extrêmement diurétique ...

1/2 melon miel
1/2 cantaloup
1 morceau de melon d'eau (pastèque)

1 PORTION
PRÉPARATION : 5 MINUTES

- Peler les melons.
- Enlever les pépins et couper en cubes.
- Mélanger et servir.

Peut se manger en quantité illimitée.

Excellent pour favoriser le nettoyage des reins et de la vessie.

*Cette salade peut être consommée tout au long de l'avant-midi,
lorsque la faim se fait sentir.*

Coulis et trempettes

Coulis d'abricots et de raisins

Doux parfum exotique

8 abricots frais ou séchés
125 ml (1/2 t.) de raisins secs
1 poire
125 ml (1/2 t.) de jus de pomme
250 ml (1 t.) d'eau
Un soupçon de cannelle (facultatif)

PRÉPARATION : 5 MINUTES

- Laver les fruits et couper la poire pour enlever le coeur.
- Déposer le tout au mélangeur et battre à grande vitesse.

Ce coulis se mange avec des fruits doux et semi-acides.

Il est tout à fait délectable sur un mélange de bleuets et de framboises, ou en collation, servi sur du riz glacé (vendu dans les magasins de produits naturels).

Coulis à l'orange et aux abricots

Une couleur chaude et un goût exotique

500 ml (2 t.) de jus d'orange pur non sucré

30 ml (2 c. à s.) de concentré congelé de jus d'orange

15 ml (1 c. à s.) de tapioca moulu

8 abricots séchés, hachés

PRÉPARATION : 5 MINUTES
CUISSON : 3 MINUTES

- Déposer tous les ingrédients dans une petite casserole et porter à ébullition.
- Réduire le feu et laisser mijoter trois minutes.
- Laisser refroidir un peu et passer au mélangeur.
- Brasser à grande vitesse, jusqu'à consistance lisse.

Un coulis léger et désaltérant.

Servir sur des brochettes de fruits, des gâteaux, des muffins,
des crêpes ou une salade de fruits.

Coulis de pêche et framboises

Délectable

1 grosse pêche
250 ml (1 t.) de framboises fraîches ou congelées
125 ml (1/2 t.) de jus de pomme
1 banane

PRÉPARATION : 2 MINUTES

- ❧ Laver les fruits.
- ❧ Couper la pêche en deux et dénoyauter.
- ❧ Déposer les ingrédients dans le mélangeur et brasser à grande vitesse.

Délicieux sur des pommes cuites au four, sur des gros morceaux de poires et de pommes cuites ensemble ou sur une salade de fruits.

La pêche contient de la carotène et de la vitamine B et C. Elle a un effet purificateur.

La framboise, quant à elle, est riche en complexe B et en potassium ; elle est un excellent draineur de déchets.

Sauce fruitée

Vite faite !

250 ml (1 t.) de jus de fruits de la passion,
de pomme ou de cerise

125 ml (1/2 t.) de concentré congelé de jus d'ananas

85 ml (1/3 t.) d'eau

30 ml (2 c. à s.) de tapioca moulu

Soupçon de cannelle (facultatif)

Soupçon de muscade (facultatif)

PRÉPARATION : 3 MINUTES
CUISSON : 3 MINUTES

❧ Verser tous les ingrédients dans une petite casserole. Remuer et porter à ébullition.

❧ Laisser mijoter à feu doux pendant trois minutes en remuant de temps en temps.

Pour aromatiser les brochettes de fruits, les salades de fruits, les crêpes, les poudings au riz, les gâteaux ou les biscuits...

Toujours de circonstance.

Sauce aux pommes

Savoureuse, simple et légère

4 grosses pommes ou l litre (4 t.) de pommes pelées et
coupées en morceaux

250 ml (1 t.) de jus de pomme non sucré

45 ml (3 c. à s.) de concentré congelé de jus de pomme

30 ml (2 c. à s.) de beurre de pomme (facultatif)

PRÉPARATION : 5 MINUTES
CUISSON : 10 MINUTES

- Mettre tous les ingrédients dans une casserole et porter à ébullition.
- Réduire le feu et laisser mijoter pendant 8 à 10 minutes.
- Laisser tiédir.
- Verser dans le mélangeur et réduire en purée.

Cette sauce aux pommes se conserve pendant 3 jours au réfrigérateur.

Servir avec des fruits frais, des muffins, des crêpes, des gâteaux.

Sirop de pomme

Succulent et sans aucun des effets du sucre concentré

250 ml (1 t.) de jus de pomme non sucré
65 ml (1/4 t.) de concentré de jus de pomme congelé non sucré
15 ml (1 c. à s.) de tapioca moulu (moudre au moulin à café)

PRÉPARATION : 2 MINUTES
CUISSON : 3 MINUTES

☙ Porter à ébullition tous les ingrédients.
☙ Réduire à feu doux et laisser mijoter de 2 à 3 minutes.
☙ Refroidir.
☙ Conserver au réfrigérateur un maximum de 7 jours.

Se congèle bien. Servir avec du gâteau, des salades de fruits, des crêpes, du pain doré ou des muffins.

Trempette aux dattes et aux abricots

Un doux mélange

125 ml (1/2 t.) de dattes dénoyautées
125 ml (1/2 t.) d'abricots séchés
250 ml (1 t.) d'eau
1 prune ou 1 mangue

PRÉPARATION : 5 MINUTES

- Laver les fruits.
- Mettre au mélangeur. Brasser à grande vitesse.
- Couper des fruits de votre choix en lamelles ou en cubes et tremper dans cette sauce.

Pour obtenir une consistance plus épaisse, réduire l'eau.
Le mélange sera alors un peu plus sucré.

Une variante : remplacer les dattes par des pommes séchées.

Trempette à la mangue

Un vrai rayon de soleil

1 mangue bien mûre, pelée
1 banane
15 ml (1 c. à s.) de beurre d'amandes
2 ou 3 fruits au choix
(pommes, poires, prunes, pêches, raisins…)

PRÉPARATION : 10 MINUTES

- ↜ Réduire en crème – au mélangeur – la mangue, la banane et le beurre d'amandes.
- ↜ Couper les fruits en morceaux.
- ↜ Disposer les fruits dans une grande assiette autour de la trempette et déguster sans tarder.

Pour becs fins.

Trempette aux pruneaux

Bienfaisante et douce pour les intestins

---

12 pruneaux dénoyautés

125 ml (1/2 t.) de jus de pruneaux

125 ml (1/2 t.) de jus de pomme ou d'eau

1 pêche ou 1 mangue

une goutte de vanille

un soupçon de coriandre

PRÉPARATION : 5 MINUTES

- ↪ Laver les fruits.
- ↪ Mettre au mélangeur. Brasser à grande vitesse.

Laxatifs et nourrissants, les pruneaux sont trop souvent ignorés parmi les fruits séchés (sauf pour usage thérapeutique). Toutefois, que ce soit dans les trempettes, les boissons ou les muffins à l'occasion, ils ont toujours un excellent goût et permettent de varier agréablement notre alimentation-santé.

Aussi disponibles en librairie :